Kithara

Das geheime Wissen
einer modernen Hexe

Kithara

Das geheime Wissen einer modernen Hexe

Zauberformeln, Liebestränke,
Orakel und Auspizien der
Weißen Magie

Unter Mitarbeit von
Gerhard Merz

LUDWIG

Inhalt

Meine Huldigung an die große Mondgöttin 6

Verehrte Leserin, verehrter Leser! 8

Ein Nachruf auf die Bewahrerinnen 14

Magische Hilfsmittel 18

Pendeln: Der Weg zur Wahrheit 20
- Das Pendel befragen 20
- Antworten des Pendels 22

Numerologie – die Geheimwissenschaft der Zahlen 26
- Ermitteln Sie Ihre Namens- und Schicksalszahl 27

Hellsehen mit der Kristallkugel und dem Spiegel 40
- Mit der Kristallkugel in die Zukunft sehen 41
- Der magische Spiegel 43

Karten: Auskunft über das Schicksal 46
- Das Tarot 46
- Die Bedeutung der Tarot-Karten 50

Kerzenmagie verstärkt die Gedanken 62

Das Schicksal aus der Hand lesen 66
- Die Handlinien 66

Amulette, Glücksbringer, Talismane 72
- Symbole als Talismane und Amulette 75

Magische Kräuter, Speisen und Getränke 84

Tinkturen, Tees, gewürzter Wein 86
- Wie man das Liebesfeuer wieder entfachen kann 86
- Für das allgemeine Wohlbefinden 90

Speisen zur Steigerung der Liebeskraft 92
Liebe(s-Suppe) geht durch den Magen 92
Liebesgerichte für Zwei 95
Zauber- und Liebestränke 97

Schönheitspulver und Elixiere 100
Bäder für die Stimmung 108

Magisches Denken und kosmische Einflüsse 110

Zauberformeln für Liebe und Glück 112

Die geheimnisvolle Macht und Magie des Mondes 122
So beeinflussen die Mondphasen unsere Gefühle 123
Der himmlische Herrscher über die Gefühle 126
Wie der Mond helfen kann, das Leben zu verbessern 129

Im Einklang mit der Natur 130
Heilige Wälder 140

Magische Stätten – Orte der Kraft 142

Nachbemerkung 147

Anhang: Wie stark ist mein 6. Sinn? 148

Meine Huldigung an die große Mondgöttin

Wenn der Mond sich rundet und wie eine kostbare silberne Münze im Himmelsäther schwebt, sind meine Kräfte am intensivsten. Es ist die Zeit, in der ich hinausgehe in die still atmende Natur, in der ich Pflanzen sammle, Blüten oder Fruchtstände, weil in ihnen dann die meisten Wirkstoffe enthalten sind.
Im sanften Licht des Vollmonds fühle ich mich geborgen und behütet, erfüllt von tiefer Freude und lautlosem Jubel. Es ist für mich immer wieder eine Zeit der Besinnung und der stillen Zwiesprache mit der Muttergöttin, fast wie eine Rückkehr zu den Anfängen meines Seins.
Ich verehre den Mond und respektiere seine ehrfurchtgebietende Macht. Während ich ihn achtungsvoll grüße und ihm huldige, entledige ich mich meiner Kleider, genieße das Licht auf meiner nackten Haut und bade mich in seinen Strahlen. Mit emporgereckten Armen biete ich mich ihm dar. Meine geöffneten Hände umfassen dabei sehr behutsam sein vertrautes Rund und liebkosen ihn.

Mein Ich tritt in den Hintergrund – ich bin er, ich bin sie – ich selbst bin die Muttergöttin. Ich fühle mich gleichzeitig als Frau und als Göttin. Wenn sie schweigt, weiß ich, daß ich warten muß, warten, bis die große Muttergöttin wieder zu mir spricht.
Wenn sie schweigt, bin ich dennoch eng mit ihr verbunden, ich bin ihr nah. Ich sehe die Welt, wie sie sie sieht, ich spüre die Kraft, die sie unablässig aussendet.
Die Bäume und Pflanzen recken sich ihr erwartungsvoll entgegen, so als zollten sie ihrer Muttergöttin, dem kosmisch-weiblichen Prinzip, ihren Tribut.
Während ich atme, schwingt sie mit mir im gleichen Rhythmus. Ihre Leuchtkraft verstärkt sich, sie wird größer und größer, bis sie mich ganz in sich aufgenommen hat.

Ich weiß nun, daß überall auf der Welt Weise Frauen zu ihr gekommen sind, um sich neue Kraft zu holen und sich durch ein unsichtbares Band miteinander zu verbinden.
Das kraftspendende Licht der großen Muttergöttin führt mich zu meinen Idealen zurück. Meine irdischen Grenzen lösen sich, und mein müdes Herz richtet sich wieder auf, wenn ich verzagt bin und mein Lebensweg vor meinen Augen in undurchdringlichen Nebel gehüllt ist. Sanft mahnend führt mich die Muttergöttin wieder zurück zu dem Punkt, wo ich mich von meinen Idealen trennen wollte, an dem widrige Umstände mich von mir selbst zu entfernen drohten. Im gleichen Augenblick bin ich mir wieder bewußt, daß mein höchstes Ideal die Wahrheit über mich selbst ist.
Mein geistiger Blick übersieht meinen gesamten Lebensweg ohne zeitliche Beschränkungen, ich bin aller Sorgen und Ängste enthoben und fühle, wie mich jene gelassene Ruhe und Heiterkeit erfüllt, die aus der tiefinneren Überzeugung erwächst, daß alles Entscheidende in ganz anderen Bereichen und Dimensionen aufgehoben und geborgen ist.
Die Botschaft – für mich ganz allein bestimmt und doch gültig für alles Lebendige – lautet: Liebe, Liebe zu allem, was die Schöpfung hervorgebracht hat. Denn alles, was existiert – auch im Unsichtbaren –, ist eingeschlossen im großen Geheimnis der göttlichen Liebe, die uns alle erhält, trägt und umfängt.

Verehrte Leserin, verehrter Leser!

Ich bezeichne mich als Hexe im guten Sinne und möchte versichern, daß ich nicht mit dem Teufel im Bunde stehe. Ich betrachte mich als eine Nachfahrin und Bewahrerin des unschätzbaren, großen Erbes der einst viel Gutes bewirkenden Weisen Frauen, die zu ihrer Zeit ihr ganzes Wissen und ihre vielfältigen Kenntnisse in den Dienst der notleidenden Menschheit stellten.

Hexe zu sein bedeutet, im Einklang mit der Natur zu leben und sich zum Wohle von Mensch und Natur zu engagieren.

Die Weisen Frauen, ihre Naturverbundenheit, ihr Wissen, ihr Wirken, hatten mich schon von Kindheit an in ihren Bann gezogen. Ich las alles über sie, was ich nur erhalten konnte. Freunde und Kenner der alten Bräuche halfen mir weiter und gaben mir viele interessante Schriften, Ratschläge und Hinweise.

Mit fortschreitender Kenntnis faszinierte mich das Thema mehr und mehr, und ich wollte eine Weise Frau werden. Auch ich wollte helfen und heilen, aber auch lernen und weiter forschen, ich wollte die in mir vorhandenen übersinnlichen, mit dem Verstand nicht erfaßbaren Kräfte zum Wohle meiner Mitmenschen einsetzen.

Hinzu kam, daß mir das Leben in unserer materialistischen, berechenbaren, immer funktionierenden Maschinenwelt zu kalt war. Für mich war es eine Welt, in der es keine Geheimnisse mehr gab – oder nicht mehr geben durfte – , in der der Bezug zur Natur weitgehend verlorengegangen war, in der nichts Liebens- und nichts Lebenswertes mehr vorhanden schien. Doch für mich gab es noch etwas anderes: die Magie. Eine Magie im positiven Sinn, die die in mir angelegten unterbewußten Kräfte aufdecken, fördern und verstärken konnte.

Schwarze Magie

Das ist – genau betrachtet – nichts Besonderes, denn wir alle sind Hexen und Magier und haben viel mehr Macht, als wir glauben. Ich meine hier nicht die Macht, die uns andere beherrschen und manipulieren läßt. Das ist Schwarze Magie. Wer auf Kosten anderer beispielsweise glücklich und reich werden will, böse oder selbstsüchtige Ziele verfolgt, der geht den »linken Pfad«, wie die Schwarze Magie auch genannt wird.

Schwarze Magie verzehrt die Kräfte, ohne positive Veränderungen zu bewirken. Sie verhindert die konstruktive Auseinandersetzung mit einer Situation.

Wenn Sie Schwarze Magie betreiben wollten, könnten Sie folgendes tun: Angenommen, Sie interessieren sich für einen bestimmten Mann und sind verliebt in ihn. Doch der Angebetete erhört Sie nicht, er liebt eine andere.

Um das angestrebte Ziel dennoch zu erreichen, wäre es möglich, sich ein Foto der Konkurrentin zu besorgen, sich auf ihr Bild zu konzentrieren und sie dorthin zu wünschen, wo der Pfeffer wächst. Sie könnten das Bild auch mit einer Nadel durchbohren und so einen symbolischen Mord begehen.

Das wäre eine Handlung des »linken Pfades« – schwarzmagisch. Denken Sie nur daran, wie oft Sie jemandem Böses gewünscht haben, der Ihnen Unrecht tat oder Ihren Zielen im Wege stand. Auch das ist im Grunde genommen Schwarze Magie.

Freilich: Sie ist meist nutzloser Kraftverschleiß. Wer Ihnen Unrecht tut, den sollten Sie sofort und ganz real zur Rede stellen. Steht jemand Ihren Zielen im Wege, wird es Ihnen kaum nützen, in finsterer Nacht sein Foto zu beschwören. Sie müssen vielmehr auf realistische Weise vorgehen. Oft entpuppt sich die vermeintliche Widersacherin als nur halb so gefährlich.

Weiße Magie

Nun sind wir über den Umweg des »linken Pfades« direkt in den Brennpunkt der Weißen Magie gelangt. Weiße Magie – der »rechte Pfad« – ist weder heilig noch selbstaufopfernd. Sie verschönt und verbessert die Hexe, den Magier und ihr Leben, aber – und hier

liegt der entscheidende Unterschied! – niemals auf Kosten anderer, denn Weiße Magie darf niemandem schaden.
Kehren wir nochmals zu unserem Beispiel zurück: Jemand tut Ihnen Unrecht. Oberstes Ziel der »schwarzen Hexe« ist die Rache. Dem anderen soll Schaden zugefügt werden. Die Leitlinie der »weißen Hexe« ist es, Schaden von sich selbst oder anderen abzuwenden: Sie vertritt also eine positive, lebensbejahende Haltung. Es kann sein, daß es Ihrem Angreifer nicht besonders angenehm ist, wenn Sie sich wehren. Wo ist das Positive für den anderen, werden Sie vielleicht fragen. Die Antwort lautet: Für ihn ist es durchaus positiv zu lernen, daß er nicht allein auf der Welt ist. Auf lange Sicht wird ihm das auch den Umgang mit seinen Mitmenschen erleichtern.

Sich die Welt erträumen

Jeder Mensch kann lernen, die unerschöpflichen kosmischen Kräfte für sich zu nutzen, ganz gleich, welchen Weg er geht, welche Mittel er für sich in Anspruch nimmt.

Es ist für jemanden, der andere berät – ganz gleich ob Frau oder Mann –, der am schwierigsten zu erlernende Teil der magischen Kunst, den Alltag hinter sich zu lassen, die Verstrickung in »weltliche« Kämpfe zu ignorieren, alle seine Ängste und Sorgen zu neutralisieren. Wem das nicht gelingt, dem werden nie neue Lösungen einfallen, die sein und das Leben anderer entscheidend verbessern können.
Darum müssen wir das Träumen wieder erlernen. »Am Anfang war der Traum« – das könnte die Überschrift für eine magische Lebenshaltung sein. Denn die Fähigkeit des Träumens von einer besseren Welt und von mehr Liebe ist die entscheidende, zentrale Fähigkeit von Weisen Frauen, Hexen und Magiern.
Man muß so weit kommen, jeden Tag für einige Zeit die eigenen Befürchtungen und negativen Gedanken abstellen zu können, und es sich erlauben, sich die schönste aller Welten zu erträumen. Manchmal scheint es tatsächlich so, als ob sich ohne unser Zutun die Welt und unser Leben verbessern, wenn wir oft unerwartet Hilfe und Unterstützung bekommen.

Besinnen wir Frauen uns also auf unsere Hexenrolle. Lassen wir den Männern den Vorsprung, den sie in ihren spezifischen Bereichen haben. Den wollen wir gar nicht aufholen. Es gibt schon zuviel Ausbeutung und Beherrschung des Menschen und der Natur durch den Menschen. Setzen wir unsere spezifischen »weiblichen« Träume dagegen. Bestehen wir auf mehr Gemeinsamkeit, Toleranz, Menschlichkeit und – Liebe. Ein Weg, der nur der Tat folgt, bricht vor den eigenen Füßen ab. Ein Weg, der nur dem Traum folgt, verliert sich im Nebel. Die Weisen Frauen hingegen können Tat und Traum zusammenfügen und somit unser aller Leben erfüllen.

Wichtig ist, daß wir wieder zu uns selbst finden, daß wir in vollkommener Harmonie mit der Schöpfung schwingen, die Einheit mit dem Kosmos wieder herstellen.

In meiner Ausbildung bei vielen Weisen Frauen in Europa mußte ich lernen, die grundlegenden magischen Gesetze anzuwenden und sie vor allem zum Wohle der Menschen einzusetzen. Dazu gehörte auch das Erzeugen der magischen Kräfte in mir selbst. Wichtig ist, daß wir wieder zu uns selbst finden, daß wir die Einheit mit dem Kosmos wieder herstellen.

Die eigene Aufgabe finden

Alle Leiden dieser Welt, alle Nöte, Tragödien oder Katastrophen, alles Schreckliche, alles Böse, das es gibt, haben nichts zu tun mit der göttlichen Idee, die allem zugrunde liegt. Es sind nur mahnende Zeichen dafür, wie weit wir uns schon von unserem ureigenen Sein und von unserer eigentlichen Aufgabe entfernt haben.

Unser äußeres Leben kann dem von uns angestrebten inneren Sein jederzeit dadurch angeglichen werden, daß wir es – soweit wie möglich – dem inneren Ideal entsprechend führen. Tun wir unser Bestes, auch wenn es dabei Enttäuschungen geben sollte. Verlieren wir nie den Mut, uns weiter zu entwickeln. Gehen wir unseren Weg, dann erreichen wir auch das Ziel. Erkennen wir unser Besonders-Sein, unsere Individualität und Einzigartigkeit. Beginnen wir jetzt. Wir haben alle die

Möglichkeiten dazu – jeden Tag und jede Stunde –, solange wir die Kraft des Leben ins uns pulsieren fühlen. Der Einsatz lohnt sich, das Ergebnis auch.

Geheimnisvolle Kräfte besitzt jeder

In der Magie, beim magischen Arbeiten gibt es kein bestimmtes System, keine feste Regel. Der eine schwört auf das Tarot, der andere gewinnt nur beim Pendeln die für ihn richtigen Erkenntnisse. Vieles ist möglich.

Haben Sie keine Angst, sich zu verlieren, wenn Sie sich für ein bestimmtes Ritual entscheiden. Sie müssen nur guten Glaubens sein und dürfen keinem Menschen Schaden zufügen.

Lassen Sie sich von anderen nichts einreden, mißachten Sie so aufdringliche Ratschläge wie: »Ich meine es ja nur gut mit dir!« oder: »Mit dem Elefanten-Talisman kann dir wirklich nichts Negatives mehr begegnen!« Auch der befehlende Hinweis, allein die Baummeditation sei das einzig Wahre, würde Sie auf Ihrer Wegsuche nicht weiterbringen. Sie selbst müssen für sich herausfinden, was gut für Sie ist, was Ihnen neue Räume oder neue Dimensionen der Erkenntnis erschließt. Dabei kann Ihnen niemand helfen. Diesen Weg müssen Sie ganz allein gehen.
Meiner Erfahrung nach finden Sie eines Tages Ihren Weg – oder er findet Sie. Auch ich ging so vor. Lesen Sie das Buch zuerst ganz durch, verweilen Sie bei diesem oder jenem Kapitel und finden Sie heraus, was Ihnen bei der Lösung von Problemen helfen kann.
Probieren Sie zunächst ruhig alles aus. Sie werden dann schon das Richtige für sich finden. Vielleicht ist die Arbeit mit einem Pendel gerade das, wonach Sie am meisten suchten. Ein weites Feld steht Ihnen offen, eine unter Umständen lebenslange, für Sie ganz besonders wichtige Beschäftigung. Der Weg kann Sie zu anderen Betätigungen führen, auch wenn Sie Ihnen zunächst sehr irrational erscheinen.
Unser Unterbewußtsein hält viele verschlüsselte Botschaften bereit. Sie müssen Sie nur entschlüsseln und wie gute Freunde behandeln. Ihre unsterbliche Seele ist der wahre Kern Ihres

Wesens. Wenn Sie sich das immer vor Augen halten, kann Ihnen nichts widerfahren, das Sie nicht bewältigen können. Doch es müssen dafür die Voraussetzungen geschaffen werden.

In sich selbst ruhen

Die Voraussetzung für seelische Gesundheit und gute Beziehungen zu anderen ist in allererster Linie eine beständige Liebe zu sich selbst. Das hat mit Egoismus nichts zu tun. Wahre Selbstliebe bedeutet, daß Sie sich selbst lieben, auch wenn andere das nicht tun. Sie sind einzigartig – auf Ihre Art und Weise. Ahmen Sie niemals einen Menschen nach, vermeiden Sie es, so zu sein und so zu leben wie andere. Beneiden Sie keinen Menschen, nur weil er vielleicht schöner, klüger oder geschickter ist. Er nutzt vielleicht seine Fähigkeiten und Gaben nur besser. Das aber können Sie auch.

Beklagen Sie nicht die Fehler der Vergangenheit. Daran können Sie nichts mehr ändern. Sie können durch sie nur lernen, es von nun an anders, besser zu machen. Interessieren Sie sich ab jetzt einzig und allein nur für Ihre Zukunft. Denn in ihr werden Sie von der Sekunde an, in der Sie meine Gedanken lesen, den Rest Ihres Lebens verbringen.

Was ich Ihnen in diesem Buch aufzeige, sind meine gesammelten Erfahrungen, es sind jahrhundertealte Erkenntnisse und vielfach erfolgreich erprobtes Wissen, geprägt von einem ganzheitlichen Verständnis für die Zusammenhänge in der Natur und im Kosmos. Die Tarotkarten gehören ebenso dazu wie das Wissen um die Einflüsse des Mondes auf unser Schicksal und unser Verhalten. Es sind keine Spielchen, keine Jahrmarkttricks, um billige Effekte zu erzielen. Hinter all dem steckt ein von der Vergangenheit geprägtes und von der Gegenwart beeinflußtes überliefertes, uraltes Wissen, das jedem Menschen helfen soll, von Sieg zu Sieg zu schreiten, sein Leben zu meistern und erfolgreich zu gestalten.

Ein gesundes Selbstbewußtsein und das Wissen, daß man auch für sich Gutes tun muß, sind wichtige Grundlagen auf dem Weg zu Ihren eigenen magischen Kräften.

Jeder ist für seinen Lebensweg selbst verantwortlich, für das, was er tut, für das, was er läßt. Jeder Schritt kann aktiv beeinflußt werden.

Ich bin auch der Ansicht, daß nichts im Leben Zufall ist, denn alles, was auf uns zukommt, ist immer zuerst von uns selbst ausgegangen. Ob wir glücklich werden oder nicht, ob wir unseren Lebenssinn finden oder verfehlen, das hängt letztlich davon ab, ob wir zu uns selbst finden. Es gibt kein unabänderliches Schicksal. Wir haben es in der Hand, mit unserem Schicksal fertigzuwerden und es richtig zu bewältigen.
Zu diesem Thema schrieb der Dichter Rainer Maria Rilke einmal treffend:

»Das, was wir Schicksal nennen, tritt nicht von außen an uns heran, sondern es tritt von innen her aus uns heraus.«

Dem ist nichts mehr hinzuzufügen.

❖

Ein Nachruf auf die Bewahrerinnen

In vielen Kulturen waren Frauen diejenigen, die das traditionelle Wissen um Gesundheit und Krankheit, Geburt und Tod übernahmen und es in Ehren hielten.

Weise Frauen und Hexen

Der Begriff »Hexe« stammt aus dem germanischen Sprachgebiet (urspr. »Hagazussa«, d.h. Zaunreiterin; das waren zaubermächtige Waldjungfrauen der Germanen).
»Hexen« stellten ursprünglich die in Wind und Wetter wirkenden Naturkräfte dar und hatten als solche weitgehenden Einfluß auf das Wohl und Wehe der Menschen. Als Hainbewohnerinnen standen sie mit der Gottheit unmittelbar in

Kontakt. Der Rat der »Weisen Frauen« war begehrt und geschätzt. Die Weisen Frauen waren hervorragende Kennerinnen der Natur. Sie übernahmen das alte, überlieferte Wissen der heidnischen Priesterinnen, pflegten und bereicherten es. Sie verfügten über umfangreiche Kenntnisse, die sie einsetzten, um Kranken zu helfen. Im Bereich der weiblichen Gesundheitsfürsorge lag ihr Spezialwissen. Sie halfen bei Geburten und berieten in Fragen von Fruchtbarkeit oder Empfängnisverhütung.

Viele Weise Frauen arbeiteten als Hebammen und kannten darüber hinaus allerlei Mittel, die unterschiedlichsten Beschwerden zu lindern.

Man wußte, daß diese Frauen manche ihrer Kräuter nur bei Vollmond pflückten, an bestimmten Tagen, zu festgesetzten Zeiten. Diese magischen Handlungen, von denen bekannt war, daß sie aus den heidnischen Zeiten stammten, waren suspekt, sich in diesen Sachen auszukennen, konnte nicht mit rechten Dingen zugehen. Man nahm an, daß hier der Teufel seine Hand im Spiel hatte, und begann, Frauen, von denen man annahm, daß sie mit Satan paktierten, zu verfolgen, zu foltern und zu töten.

Die Vernichtung der Weisen Frauen

Mit der ersten Hexenverbrennung im Jahre 1275 in Toulouse begann eines der düstersten Kapitel der Menschheit. Man schätzt, daß in den folgenden fünf Jahrhunderten viele Millionen »Hexen« auf brutalste Weise gequält und getötet wurden. Von ein paar Männern abgesehen, waren es zumeist Frauen.

Eine Frau brauchte nur rote Haare zu haben, zu schielen oder besonders schön zu sein, dann genügte manchmal schon eine einzige unbedacht ausgesprochene Verwünschung, um sie verdächtig erscheinen zu lassen. Unter der grauenvollen Folter gestand sie schließlich alles, was man ihr in den Mund legte.

Welche vernünftige Frau hätte sich in dieser schrecklichen Zeit des Wahns, der fast ein halbes Jahrtausend andauerte, noch getraut, etwas von ihren Träumen oder ihren Ahnungen, von ihren hellseherischen Fähigkeiten oder ihrer Kunst, intuitiv zu heilen, zu verraten? Das alles mußte streng geheim bleiben. Nicht einmal der eigene Mann durfte davon erfahren. Ja, man wollte es selbst nicht wahrhaben. Denn das alles war Teufelswerk und damit verabscheuungswürdig. Vielleicht war es sogar ein Zeichen dafür, daß man verdammt war. Wer dem Teufel nicht verfallen sein wollte, der durfte davon nichts wissen. Jede Frau konnte es treffen, keine konnte sicher sein vor Anklage, Verfolgung, Inquisition, Folter und Verurteilung zum Tod auf dem Scheiterhaufen.

Die typisch weiblichen Talente der Vorahnung und des Hellsehens waren unheimlich und wurden mit großem Mißtrauen betrachtet.

Den Anstoß zu den grausamsten und unmenschlichsten Hexenverfolgungen – sie begannen bezeichnenderweise im Zeichen des Mondes – gab Papst Innozenz VIII. (1484-1492) mit einem Dokument, der berüchtigten Hexenbulle »Summis desiderantes«, die unauslöschlich in die Geschichte der Menschheit eingegangen ist. Er erließ das Dokument gleich im ersten Jahr (1484) seiner Amtseinführung und beauftragte die Dominikaner-Inquisitoren Heinrich Kramer und Jakob Sprenger, in Oberdeutschland und im Rheingebiet Jagd auf diese Übeltäterinnen

Darstellung einer Hexenverbrennung aus der Mitte des 16. Jahrhunderts

und Übeltäter zu machen und die Ketzerei mit allen Mitteln auszurotten. Von den beiden vorgenannten Herren stammte auch das berühmt-berüchtigte Buch »Hexenhammer«, in dem die Existenz der Hexen zum ersten Mal »wissenschaftlich« bewiesen wurde. Hier ist auch angegeben, an welchen Merkmalen die Hexen zu erkennen und durch welche Torturen sie zum Geständnis zu bewegen sind.

Die Hexenbulle verlieh den Inquisitoren uneingeschränkte Weisungsbefugnis und Handlungsfreiheit.

Den Höhepunkt des Hexenwahns erlebte Deutschland in der ersten Hälfte des 17. Jahrhunderts. Die letzte deutsche »Hexe« starb wegen angeblicher Teufelsbuhlschaft am 11. April 1775 auf der Schwaigwiese in Kempten, wo sie gnadenhalber zuerst enthauptet und dann verbrannt wurde.

Heutigen Schätzungen zufolge wurden zwischen den Jahren 1450 und 1750 Millionen von unschuldigen Frauen, Kindern und Männern zum Tode verurteilt und auf dem Scheiterhaufen verbrannt. Viele starben jedoch bereits vorher in den Kerkern an den Folgen der erlittenen brutalen Folter. Andere Quellen sprechen von rund neun Millionen Menschen, die in diesem Zeitraum sterben mußten. Die Hexenverfolgungen, durch die ganze Landstriche entvölkert wurden, forderten mehr Blutopfer als alle zur damaligen Zeit geführten Kriege.

Wir alle sind aufgerufen, uns dafür einzusetzen, daß so etwas nie wieder geschieht; daß Menschen verfolgt, gefoltert, getötet werden, nur weil sie anders denken, anders glauben, anders aussehen oder anders sind. Wehren wir den Anfängen, und sei es auch nur in einem kleinen Bereich. Wenn alle nur ein winziges Teilchen dazu beitragen, schaffen die konzentrierten positiven Energien ein Kraftfeld, das alle Menschen einschließt und beeinflußt. Sicher, die Welt wird sich dadurch nicht von heute auf morgen verändern, aber es darf keine Sekunde vergehen, in der nicht an diesem Ziel gearbeitet wird.

Dies ist meine Botschaft an alle Menschen, das ist der Auftrag, den alle Weisen Frauen haben. Das alte Wissen muß nicht neu entdeckt werden, es ist noch immer vorhanden. In jedem von uns.

Magische Hilfsmittel

Hellsehen, Telepathie, Vorahnungen und Wahrträume – solche Begabungen haben fast alle Menschen, die sensibel und empfangsbereit sind für die Botschaften aus der Zukunft. Es braucht dazu nur die richtige Einstellung, das notwendige Instrumentarium, den Glauben an die eigenen magischen Kräfte. Wagen Sie es, Sie werden überrascht – und fasziniert sein, welche Gestaltungsmöglichkeiten sich für Ihr Leben auftun.

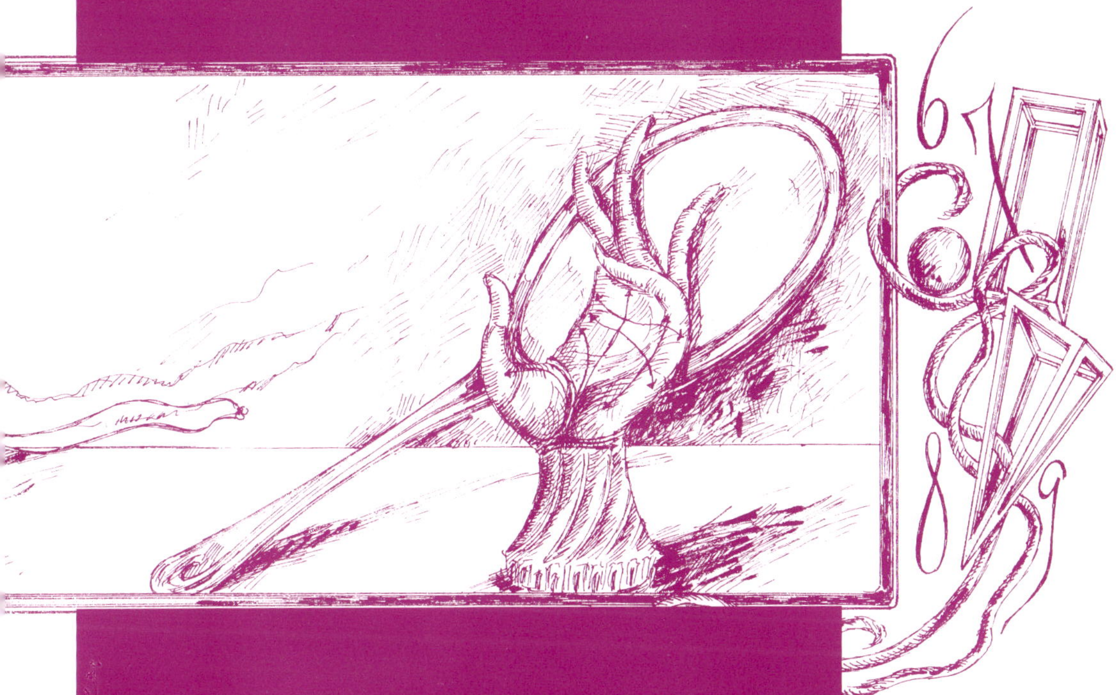

Pendeln: Der Weg zur Wahrheit 20
Numerologie – die Geheimwissenschaft der Zahlen 26
Hellsehen mit der Kristallkugel und dem Spiegel 40
Karten: Auskunft über das Schicksal 46
Kerzenmagie verstärkt die Gedanken 62
Das Schicksal aus der Hand lesen 66
Amulette, Glücksbringer, Talismane 72

Pendeln: Der Weg zur Wahrheit

Das Pendel befragen

Gehen Sie mit dem Pendel nicht oberflächlich oder leichtfertig um. Das könnte Ihr Leben negativ beeinflussen und böse Kräfte wecken.

Das Pendel gehört aller Wahrscheinlichkeit nach zu den ältesten Instrumenten, mit denen Menschen Verborgenes aufspüren und in die Zukunft blicken. Richtig befragt, gibt es Antworten, indem es Entscheidungen sichtbar macht, die unbewußt schon längst getroffen worden sind, aber bisher noch nicht ins Bewußtsein gelangt sind. Das Pendel ist dabei wie eine Verlängerung des Unterbewußtseins. Es nimmt dessen Schwingungen auf und übersetzt sie in sichtbare Bewegung. Auch Sie können die Kraft des Pendels für sich nutzen und damit Ihr Leben bereichern.

Pendeln hat weder mit Spiritismus noch mit Geisterbeschwörung zu tun. Es ist auch kein Instrument der Schwarzen Magie, sondern eine einfache, aber sehr vielseitig einsetzbare Möglichkeit, eigene übersinnliche Seelenkräfte wirksam werden zu lassen. Mit zielgerichteter Konzentration lassen sich mit dem Pendel viele Lebensfragen beantworten, verborgene Fähigkeiten und Talente entdecken, charakterliche Stärken und Schwächen feststellen.

Ein Pendel anfertigen und benutzen

Die Herstellung eines Pendels ist sehr einfach. Wenn Sie keines der im Handel erhältlichen Geräte kaufen wollen, nehmen Sie am besten Ihren Ehering oder einen anderen persönlichen Ring und ziehen durch ihn ein langes Haar oder einen Faden. Manche Menschen pendeln mit Halsketten, Edelsteinen oder Silbergewichten.

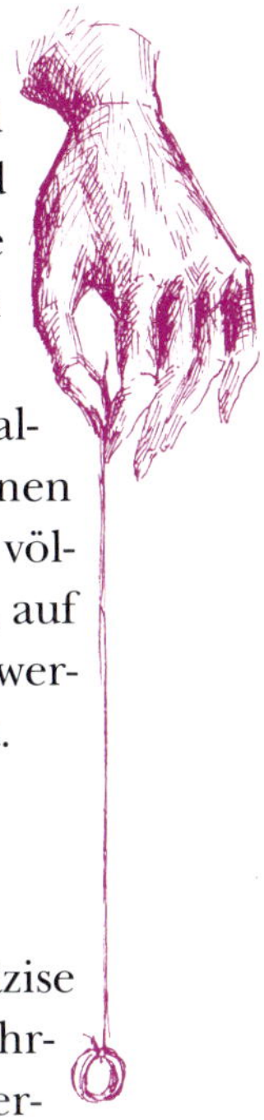

Halten Sie das Pendel so, daß Sie beide Enden ohne Knoten und Schlingen zwischen Daumen und Zeigefinger halten können. Wenn Sie einen Gegenstand auspendeln, legen Sie ihn auf eine graue, quadratische oder runde Filzunterlage von ca. dreißig Zentimetern Durchmesser.

Setzen Sie Ihren Ellenbogen auf die Unterlage und halten Sie das Pendel etwa drei Zentimeter über den von Ihnen auszupendelnden Gegenstand. Sie konzentrieren sich völlig entspannt und unverkrampft auf Ihr Pendelobjekt, auf das, was Sie vom Pendel erfahren wollen. Die Fragen werden erst gestellt, wenn das Pendel völlig ruhig schwebt.

Der Umgang mit dem Pendel

Das Pendel kennt kein Entweder-Oder. Es braucht präzise Fragen, auf die es eine Antwort gibt. Fragen Sie es mehrmals, um sicherzugehen, daß Sie die Antwort richtig verstanden haben. Sie müssen aber wissen, daß jeder Pendler seine eigene Pendelsprache hat.

Der Umgang mit dem Pendel ist im Grunde genommen ganz einfach. Es kann sich in Kreisen, Ellipsen oder in geraden Linien bewegen. Diese Sprache müssen Sie lernen. Dazu gehört allerdings einige Übung. Lernen Sie Ihr Pendel kennen. Wie bewegt es sich, wenn »Ja« gemeint ist, und wie bei »Nein«? Sie werden schon nach kurzer Zeit feststellen, welche Pendelbewegung zu welcher Aussage gehört.

Stellen Sie dem Pendel zunächst Fragen, deren Antworten Sie kennen, damit Sie sich mit seiner Sprache vertraut machen können.

Häufig gelten folgende Zuordnungen:

- Ein im Uhrzeigersinn weit ausschwingender Kreis ist ein positiv und bejahendes Zeichen. Das Pendel stimmt Ihnen zu, Pläne lassen sich jetzt gut verwirklichen. Gehen Sie einen neuen Weg mit Mut und Zuversicht an.

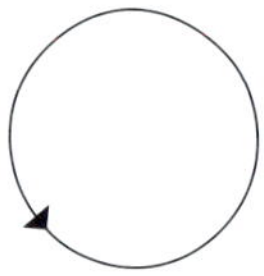

- Dreht sich das Pendel kreisförmig entgegengesetzt dem Uhrzeigersinn, ist Vorsicht angebracht. Vorhaben sollten neu überdacht werden. Es bedeutet ein »Ja« mit Einschränkungen.

- Schwingt das Pendel in gerader Linie von rechts nach links, ist das, wie ein Kopfschütteln, ein eindeutiges klares »Nein« auf eine gestellte Frage.

- Schwingt das Pendel in gerader Linie vom Körper weg und wieder auf ihn zu, müssen Sie zu einem anderen Zeitpunkt noch einmal pendeln, damit Sie eine klare Aussage erhalten.

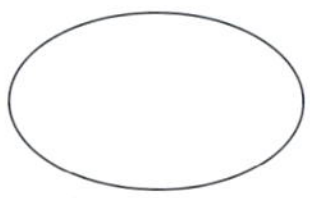

- Eine Ellipse zeigt an, daß die Frage noch nicht reif zur Beantwortung ist.

Antworten des Pendels

Die Bewegungen des Pendels geben Ihnen Antworten auf viele Fragen, wenn Sie gelernt haben, sie richtig zu deuten. Formulieren Sie Ihre Fragen so, daß das Pendel mit »Ja« oder »Nein« antworten kann.

Das Pendel führt Sie zu Glück und Liebe

Pendelbewegungen geben Ihnen die Antworten auf Ihre Fragen. Stellen Sie klare Fragen, dann kann das Pendel auch klar antworten.

- Besorgen Sie sich ein Foto der Person, um die es Ihnen geht.
- Sie stimmen sich mental auf diese Person ein, rufen sich alles in Erinnerung, was sie mit Ihnen verbindet, und führen dabei im Geiste ein Gespräch mit ihr.
- Haben Sie sich gedanklich auf die Person eingestellt, nehmen Sie das Pendel in die Hand. Sie lassen es zunächst schwingen, ohne die Kreisbewegungen zu beeinflussen. Dann richten Sie es auf die Mitte des Fotos aus und beginnen von neuem, das Pendel schwingen zu lassen.

- Dabei memorieren Sie folgende Worte:

Ich liebe dich so, wie du bist.
Ich bin für dich da,
wann immer du mich brauchen solltest.
Meine Gedanken sind bei dir.

- Das wiederholen Sie so lange, wie Sie sich gut dabei fühlen, doch nicht länger als eine halbe Stunde. Danach lassen die Energien erfahrungsgemäß nach.
- Diese Übung können Sie jeden Tag durchführen. Am besten eignen sich dazu die frühen Abendstunden, wobei der Körper nicht mit schwerer Nahrung belastet werden sollte.

Diese Pendelübung hilft auch, wenn man Menschen, die sich in einer Krise befinden, Trost und Zuspruch vermitteln will.

Auspendeln eines Fotos

Möchten Sie wissen, ob Ihr Partner Sie noch liebt, Ihnen treu ist oder Ihnen verziehen hat, dann besorgen Sie sich ein Foto Ihres Partners. Konzentrieren Sie sich auf die Fragen, die das Pendel Ihnen beantworten soll.
Halten Sie das Pendel über das Foto Ihres Partners und lassen Sie es längere Zeit darüber kreisen. Dann stellen Sie sich innerlich die Frage, die Sie beantwortet haben möchten. Bei dieser Übung sollten Sie möglichst einfache Fragen formulieren. Ist mein Partner mir treu? Wird er mich verlassen? Findet er die Beziehung zu mir noch aufregend?
Anhand der Pendelbewegung erfahren Sie, wie es um Ihre Partnerschaft bestellt ist. Diese Übung sollten Sie dreimal ausführen, mit einem Zeitabstand von mindestens drei Tagen, um möglichst klare und objektive Antworten auf Ihre Fragen zu erhalten. Leiten Sie Ihre gedankliche Energie in das Pendel und gestatten Sie ihm, die Schwingungen Ihrer Gedanken sichtbar zu machen. Ihr Unterbewußtsein weiß meist schon viel eher und viel präziser, wie es um Ihre Partnerschaft bestellt ist.

Pendeln über den Händen

Wenn Sie ergründen wollen, ob und wie Sie und Ihr Partner zusammen harmonieren, müssen Sie beide je eine Hand nebeneinanderlegen. Dann halten Sie das Pendel dazwischen, stimmen sich geistig ein und beobachten die Ausschläge des schwingenden Pendels.

Pendeln über einer Landkarte

Mit Hilfe einer Landkarte und des Pendels können Sie auch versuchen, den Aufenthaltsort eines Menschen festzustellen.

Möchten Sie in Urlaub fahren, wissen aber noch nicht wohin, nehmen Sie sich Landkarten der von Ihnen bevorzugten Reiseländer und pendeln Sie Ihre mutmaßlichen Reiseziele aus. Gehen Sie ebenso vor, wenn Sie aus beruflichen oder persönlichen Gründen in eine andere Stadt umziehen müssen und nicht wissen, ob Sie sich dort wohl fühlen könnten.
Sie wollen eine neue Wohnung oder ein Haus kaufen und wissen nicht so recht, ob Sie das Richtige gefunden haben, dann pendeln Sie über dem Bauplan des Objektes oder über einer Fotografie von ihm. Das Pendel gibt Ihnen Auskunft darüber, ob Sie sich in der neuen Umgebung geborgen fühlen und zufrieden sein können.

Wie sieht meine Zukunft aus?

Das Pendel kennt die Neigungen und verborgenen Talente jedes Menschen. Deshalb kann es auch den richtigen Beruf für Sie oder für andere wählen.
Die Wahl des Berufes ist, neben einer harmonischen Partnerschaft, für ein glückliches und ausgefülltes Leben sehr wichtig. Schließlich verbringen Menschen, die im Arbeitsprozeß stehen, oft mehr Zeit am Arbeitsplatz als zu Hause. Wenn Sie nicht wissen, welchen Berufsweg Sie einschlagen sollen oder welche Talente und Fähigkeiten in Ihnen schlummern, dann fragen Sie das Pendel.

Stellen Sie ganz einfache Fragen:

Soll ich meine Stelle wechseln?
Soll ich mich umschulen lassen?
Soll ich den Wohnort wechseln?
Soll ich weiterführende Kurse besuchen?

Halten Sie das nicht für Zauberei oder Magie. Das Pendel kann und will Ihnen nichts aufzwingen oder vormachen. Es sagt durch seine Bewegungen das, was Ihr Unterbewußtsein längst weiß. Schreiben Sie nun auf verschiedenfarbige Kärtchen die Berufe, die Ihrem Können und Ihren Neigungen entsprechen. Diese Tätigkeiten pendeln Sie dann auf die gleiche Weise aus. Machen Sie das dreimal hintereinander. Dann legen Sie eine Pause von drei Tagen ein und pendeln nochmals. Der Beruf, bei dem das Pendel mehrmals positiv ausschlägt, ist für Sie der richtige.

Stellen Sie mit Hilfe des Pendels fest, was Ihnen liegt, welche Stärken Sie haben, was Sie besonders gut können.

Wie man verborgene Talente und Fähigkeiten auspendelt

Mit dieser einfachen, aber sehr wirkungsvollen Pendelübung können Sie sich Eigenschaften zulegen, die Sie bald oder in naher Zukunft haben möchten.

- Schneiden Sie sich ein Stück Papier im Postkartenformat zurecht und schreiben Sie auf jedes Blatt eine Eigenschaft, wie: Selbstbewußtsein, Stärke, Mut, Ausdauer, Toleranz.
- Halten Sie das Pendel über die von Ihnen erstrebte Eigenschaft, lassen Sie es um das ausgewählte Wort kreisen, atmen Sie tief ein und aus und stellen Sie sich dabei vor, daß Sie schon jetzt im Besitz der von Ihnen gewünschten Fähigkeit sind.
- Pendeln Sie mindestens einmal in der Woche. Üben Sie sehr konzentriert, sehr intensiv und sehr beharrlich.

Sie werden bald feststellen, wie die erstrebten Eigenschaften und notwendigen Energien in Ihnen aktiviert werden.

Numerologie – die Geheimwissenschaft der Zahlen

Wir leben in einer Welt voller Geheimnisse, in der alles mit allem verbunden ist, in der das eine in das andere hineinwirkt. Eines dieser Geheimnisse ist die Numerologie, die uralte magische Geheimwissenschaft der Zahlen. Sie geht davon aus, daß kosmische Schwingungen das Leben und uns Menschen prägen. In der Kabbala, der altjüdischen Geheimlehre, wird die Verbindung von Buchstabe und Zahl – im hebräischen Alphabet sind Buchstaben gleich Zahlen – auf einen göttlichen Ursprung zurückgeführt. Jede Zahl symbolisiert einen eigenen Sinnwert, wodurch jedes Wort in seiner tieferen Bedeutung erforscht werden kann.

Nach der Kabbala enthalten die ersten zehn Zahlen die ganze Menschlichkeit. Sie entsprechen den zehn Urprinzipien, über die der Mensch nicht hinausstreben sollte.

In der Vorzeit war das gesprochene Wort die erste Möglichkeit, die Umwelt zu benennen und damit begrifflich zu machen. Dennoch waren Worte nur Abbilder und fungierten als Zeichen und Symbole für alles, was existierte und erkennbar war. Zahlen können auch sprechen – und wahrscheinlich entstand die erste Beziehung des Menschen zu ihnen über das Zählen der Finger, Zehen, Nasen, Ohren, Augen oder anderer Körperteile. Das war die Basis für später entstehende Zahlensysteme, für eine rechnerische Ordnung, die das Leben der Menschen bestimmt.

Die geheimnisvolle Welt der persönlichen Zahl

Nach der Numerologie ist der Name jedes Menschen von seinen ganz persönlichen Schwingungen erfüllt. Da jeder Name seine eigene Schwingung besitzt, können Namen abstoßen, deprimieren, aber auch Sympathie verleihen – und hervorrufen. Sie können klangvoll, hart oder schön, häßlich oder faszi-

nierend sein. Schon das Lesen oder Hören eines Namens kann bestimmte Reaktionen auslösen, denn das Unterbewußtsein reagiert bekanntlich nicht rational. Aus der Klangschwingung eines Namens ergibt sich Sympathie oder Antipathie.
Überprüfen Sie die Zahlen, die Sie persönlich betreffen: Telefonnummern, Geburts- oder Ereignisdaten, Nummern der Versicherungspolicen, Hausnummern, Autonummern. Sie werden erstaunliche Übereinstimmungen mit Ihren persönlichen Daten feststellen.
Die wichtigsten Zahlen in der Numerologie sind die Namens-, Geburtstags- und Schicksalszahl. Gehen Sie erste Schritte in der Numerologie, indem Sie zunächst diese Zahlen ermitteln.

Zahlen enthalten ein großes magisches Potential. Testen Sie jede Zahl, die mit Ihrer Person verbunden ist, auf ihre Aussagekraft für Ihre Person.

Ermitteln Sie Ihre Namens- und Schicksalszahl

Zahlen haben eine magische oder mystische Bedeutung. Persönliche Zahlen sind eng mit dem Individuum verbunden und geben Auskunft über den Lebensweg.

Die Namenszahl zeigt die Hauptaufgaben im Leben eines Menschen an, die Geburtstagszahl gibt Auskunft über die potentiellen Stärken und Schwächen, und die Schicksalszahl läßt erkennen, wie und mit welchen Mitteln das Lebensziel am besten erreicht werden kann.
Beim Ermitteln der Namenszahl wird der vollständige Name (auch alle Vornamen) zugrunde gelegt. Wichtig für ein richtiges Ergebnis sind auch die Spitznamen, Decknamen und Pseudonyme.
Das Ergebnis der Geburtstagszahl zeigt den spezifischen Lebensweg an sowie die persönlichen Entsprechungen in der eigenen Umwelt.

Die Namenszahl

Als Beispiel nehme ich den Namen Andrea Braun und bestimme die Namenszahl mit Hilfe der Zahlenwert-Tabelle.

Die Zahlenwerte des Alphabets:

1	2	3	4	5	6	7	8	9
A	B	C	D	E	F	G	H	I
J	K	L	M	N	O	P	Q	R
S	T	U	V	W	X	Y	Z	

A	N	D	R	E	A		B	R	A	U	N

1 + 5 + 4 + 9 + 5 + 1   2 + 9 + 1 + 3 + 5

= 25 = 2 + 5 = 7   = 20 = 2 + 0 = 2

Namens- und Schicksalszahlen zu bestimmen und festzustellen, was sie über die Person, der sie zugeordnet sind, aussagen, ist auch interessant in einem größeren Kreis.

Nun zählen Sie die Ergebnisse von Vor- und Zunamen zusammen und erhalten

7 + 2 = 9 = Namenszahl

Wir ermitteln die Geburtstagszahl:

Andrea Braun ist geboren am 13. März 1951. In diesem Fall rechnen wir:

1 + 3 + 3 (Monat) + 1 + 9 + 5 + 1 = 23 = 5 = **Geburtstagszahl**

Die Schicksalszahl wird durch das Zusammenzählen der Namenszahl und der Geburtstagszahl gefunden:

Namenszahl + Geburtstagszahl = **Schicksalszahl**

9 + 5 = 14 = 1 + 4 = 5

Die Grundbedeutungen der Zahlen

1 Die Eins ist die Zahl Gottes und eine Glückszahl. Sie ist unteilbar und die Voraussetzung für alle anderen Zahlen. Die Eins ist Symbol für einen neuen Anfang und für jegliche Erneuerung. Menschen mit dieser Schicksalszahl lieben vor allem ihre Unabhängigkeit, sind energisch und durchsetzungsfähig. Manchmal sind sie aber auch zu forsch und zu egoistisch. Einser-Menschen müssen darauf achten, nicht zu übermütig zu werden, und sollten sich davor hüten, die Bäume in den Himmel wachsen zu lassen. Ein solches Vorhaben hätte fatale Folgen.

Manche Zahlen gelten als vollkommen, manche als heilig, anderen steht man eher skeptisch gegenüber. Aber das Schicksal ist nie unabänderlich.

2 Die Zwei ist das Symbol der Zwillinge, der beiden Hälften eines Ganzen. Im Gegensatz zur Eins ist sie »gerade, schwach, links, böse«; sie ist Gott und Teufel, Licht und Schatten, Gegensatz und Widerspruch.
Auf der anderen Seite ist die Zwei die erste gerade Zahl, die Zahl des Weiblichen. In dieser Bedeutung sind ihr Eigenschaften wie Lieblichkeit, Fügsamkeit, Bescheidenheit und Gehorsam zugeordnet. Zweier-Menschen sind warmherzige, sensible Menschen, mit denen sich gut auskommen läßt. Sie verstehen es, die schönen Dinge des Lebens richtig zu genießen, geraten aber leicht aus dem seelischen Gleichgewicht. Es fällt ihnen nicht leicht, Entscheidungen zu treffen.

3 Drei Wünsche stellt das Märchen frei. Auch heute noch kennt man den Ausspruch: »Dreimal darfst du raten.« Aller guten Dinge sind drei. Wir unterscheiden die Dreiheit: Himmel, Erde, Hölle und kennen die göttliche Dreieinigkeit. Dreimal auf Holz klopfen bringt Glück. Die Drei ist die Zahl des Glücks und des Erfolgs. Dreier-Menschen sind vielseitig begabt, können Ehre, Anerkennung und Ruhm erlangen.

4 Als Zahl der Ganzheit ist die Vier eine Glückszahl. Sie verkörpert die vier Jahreszeiten, die vier Wochen des Monats, die vier Tagesabschnitte, die vier Elemente (Feuer, Erde, Wasser, Luft), die vier Mondphasen (Vollmond, abnehmender und zunehmender Mond, Neumond). Menschen mit dieser Schicksalszahl sind von ernsthafter Veranlagung, sie sind gründlich und beständig, aber auch eigenwillig, nachdenklich, mit einem Hang zur Einsamkeit. Sie suchen bei allem, was sie tun, Sicherheit und Stabilität und denken so lange über ein Problem nach, bis sie die für sie richtige Lösung gefunden haben. Für finanzielle Abenteuer sind sie nicht zu haben.

Die Bewertung von Zahlen ist in den Kulturen unterschiedlich. So galt z.B. die Drei in Sumatra als Unglückszahl.

5 Eine magische Zahl. Das Pentagramm, das Fünfeck, auf die Türschwelle gemalt, bannt den Teufel. Fünf Sinne hat der Mensch, fünf Finger die Hand, fünf Zehen jeder Fuß. Jede ungerade Zahl, die man mit ihr multipliziert, ergibt am Ende wieder die Fünf. Fünfer-Menschen sind aufgeschlossen, offen für alles Neue. Sie reisen sehr viel, haben hohe Ideale und philosophieren gern.

6 Die vollkommene Zahl, die Zahl des Glücks, der Harmonie, des Gleichgewichts und der Kraft. Sie ist durch 1, 2 und 3 teilbar. Die Zahl Sechs zeigt sich in der geometrischen Figur des Sechssterns, des Stern Davids. Es ist ein magisches Hexagramm. Sechser-Menschen setzen sich selbstlos für andere ein, sie wirken anziehend, zielsicher, sind von glücklichem

Naturell, können aber auch hartnäckig und unnachgiebig sein. Sie engagieren sich für Schwächere und bekämpfen jede Ungerechtigkeit bereits im Keim.

Zahlen wirken nicht nur aus sich selbst heraus, sondern auch als Kombination von anderen Zahlen und in Verbindung mit ihnen.

7 Die heilige Zahl. Die Sieben wird in der Bibel 770mal erwähnt. Der siebte Tag war der Ruhetag Gottes, sieben Tage dauert eine Mondphase. Sieben ist das Symbol des Kosmos. In der Bibel wird von den sieben fetten und den sieben mageren Kühen berichtet. Das Vaterunser hat sieben Bitten, der Erzengel Michael kämft gegen einen siebenköpfigen Drachen. In der katholischen Kirche gibt es sieben Gaben des Heiligen Geistes, sieben Tugenden und sieben Todsünden. Wir kennen die Märchen von den sieben Geißlein, den sieben Zwergen, den sieben Raben, von den »Sieben auf einen Streich« u.v.a. In der Antike existierten sieben Weltwunder, und es gab sieben Weltweise. Wir haben sieben Kontinente, der Mensch hat sieben Sinne verbunden mit sieben wichtigen Strukturen: zwei Augen, zwei Ohren, zwei Nasenlöcher, einen Mund. Siebener-Menschen denken sehr tiefgründig, sind aber sehr zurückhaltend, wenn es um andere Menschen geht. Manchmal stellen Sie ihre geistigen Interessen über die Realitäten des Lebens. Sie besitzen ausgeprägte okkultistische Fähigkeiten, neigen zur Mystik, sind originell, reisefreudig und sprudeln über vor Ideen.

8 Die Zahl Acht ist ein doppelt positives Symbol, denn zweimal vier bringt zweimal Glück. Die Acht ist auch das Symbol für das Leben nach dem Tod – und für die Unendlichkeit (in der Mathematik eine liegende Acht). Im Leben muß man sich oft in Acht-nehmen, Acht-sam sein, Acht-geben und Ob-acht geben. Die Frau hat, im Gegensatz zum Manne, acht Körperöffnungen. Achter-Menschen können erstaunliche Leistungen vollbringen, sind stark und erfolgreich. Viel Rücksicht nehmen solche Menschen allerdings nicht, und sie verstehen es sehr gut, ihre Interessen zu ihrem Wohl durchzuboxen.

9 Als das Symbol der Vollkommenheit kann die Neun mit jeder beliebigen Zahl multipliziert werden – die Quersumme ergibt immer wieder neun. Jesus Christus starb in der neunten Stunde, neun Monate dauern die warmen Jahreszeiten. Von der Empfängnis eines Kindes bis zur Geburt vergehen neun Monate, der Kreis hat 360 Grad, die Quersumme von 360 (3 + 6 + 0) ist neun. Neuner-Menschen können sich zu den Auserwählten zählen, sie können Macht und Einfluß gewinnen und haben eine glückliche Hand bei finanziellen Dingen.

Sympathie der Zahlen

Die Sympathie-Tabelle zeigt auf, welcher Partner zu Ihnen paßt, mit wem Sie die große Liebe erleben können oder mit welchem Partner überhaupt nichts geht. Errechnen Sie Ihre eigene Schicksalszahl und die ihres Partners, und lesen Sie aus der Tabelle die Tendenz ab, die dieser Kombination zugrunde liegt. Doch auch wenn das Ergebnis mäßig oder ungünstig ausfällt, sollte Sie das nicht von vornherein abschrecken. Liebevolles Bemühen, Verständnis und Toleranz können viele Schwierigkeiten wettmachen und die Verbindung doch glücklich werden lassen. Auf der anderen Seite ist auch ein gutes oder sehr gutes Übereinstimmen noch kein Garant für eine Liebe auf rosaroten Wolken. In jeder Partnerschaft muß man an der Liebe arbeiten, um sie glücklich und lebendig zu erhalten.

Stellen Sie fest, ob Sie mit Ihrem Partner oder einem befreundeten Menschen harmonieren, und nutzen Sie Ihr Wissen, um den Umgang miteinander angenehm zu gestalten.

	1	2	3	4	5	6	7	8	9
1	•	+	+	•	+	+	=	=	+
2	+	•	+	–	+	•	•	–	–
3	+	+	•	–	+	+	=	=	+
4	•	–	–	•	•	–	–	–	–
5	+	+	+	•	•	+	–	=	–
6	+	•	+	–	+	•	–	=	+
7	=	•	=	–	–	–	•	–	–
8	=	–	=	–	=	=	–	•	–
9	+	–	+	–	–	+	–	–	•

+: sehr gut •: gut =: mäßig –: ungünstige Verbindung

Namenszahlen und Berufe

1	Erfinder, Wissenschaftler, Ingenieur, Techniker, Reporter, Schriftsteller, Programmierer
2	Naturwissenschaftler, Mediziner, Apotheker, Landwirt, Chemiker
3	Kaufmann, Beamter, Politiker, Arzt, Dekorateur, Gastwirt, Techniker, Pilot, Musiker
4	Künstler, Architekt, Philosoph, Chirurg, Fotograf, Detektiv, Koch
5	Bankkaufmann, Börsenmakler, Priester, Arzt, Richter, Wissenschaftler
6	Maler, Bildhauer, Musiker, Schauspieler, Gärtner, Friseur, Schneider, Architekt, Drogist
7	Schriftsteller, Journalist, Verleger, Politiker, Staatsbeamter, Pädagoge, Richter, Betriebswirt
8	Diplomat, Politiker, Jurist, Offizier, Förster, Unternehmer, Beamter, Vermesser, Psychologe, Polizist, Ingenieur
9	Schriftsteller, Übersetzer, Erfinder, Bildhauer, Soldat, Detektiv, Astrologe, Forscher, Grafiker

Die Namenszahl kann Ihnen einen Anhaltspunkt geben, wo Ihre besonderen beruflichen Interessen und Stärken liegen könnten.

Bedeutung der Geburtstagszahl

1	aktiv, dynamisch, realistisch, ehrgeizig, strebsam, ehrlich, selbstbewußt, aufgeschlossen
2	warmherzig, sanft, diplomatisch, partnerschaftlich, rücksichtsvoll, zuvorkommend
3	hochbegabt, humorvoll, gesellig, sportlich, redegewandt, sensitiv
4	ausdauernd, zielbewußt, guter Organisator, praktisch, treu, zuverlässig, treuer Freund
5	intelligent, sprachbegabt, idealistisch, risikofreudig, beweglich, ausdauernd
6	hilfsbereit, gewissenhaft, aufrichtig, ausgeglichen, optimistisch
7	künstlerisch begabt, Neigung zu Mystik und Philosophie, zurückhaltend
8	willensstark, intuitiv, offen, erfolgreich bei Geldgeschäften, gesellig
9	hellsichtig, einflußreich, geachtet, hilfsbereit, leidenschaftlich, charmant

Die Geburtstagszahl gibt Auskunft über Eigenschaften, die das Leben und den Umgang mit anderen beeinflussen.

Bedeutung der Schicksalszahl

1	Individualität, haßt jeglichen Zwang, starke Persönlichkeit, Organisationstalent, Führernatur
2	guter Partner, Teamarbeiter, diplomatisch, ängstliche Züge
3	grüblerisch, wiß- und lernbegierig, neigt zum Verzetteln, ist ein feinfühliger Lebenskünstler
4	emsiger Arbeiter, zuverlässig, vereinzelt starre Denkweise, methodischer Ehrgeiz, guter Organisator
5	brillanter Redner, innere Unruhe, reisefreudig, Lebensmut, Begabung für Sprachen, Vielseitigkeit
6	ausgeprägter starker Wille in eigenen Belangen, Ungeduld, großzügig, künstlerisch begabt
7	große geistige Qualitäten, spirituelle Begabungen, große Einbildungskraft, starker Hang zum Träumen
8	starker Gerechtigkeitssinn, materielles Aufstiegsstreben, Arbeitstier, sensibel
9	großzügig, sensibel, phantasievoll, Treue zu sich selbst, stößt manchmal auf Unverständnis, schwermütige Züge

Ihre Eigenschaften beeinflussen Ihr Schicksal. Es kann von Ihnen aktiv gestaltet werden und ist nicht unabänderlich.

Die Kraft der Vornamen

Jeder Vorname birgt in sich eine geheimnisvolle Kraft, eine beseelende Energie, die sehr viel über das Wesen des Trägers verrät. »Gib einem Ding einen Namen, dadurch ist es schon beseelt«, sagte Ali Bechtar, ein arabischer Philosoph des 15. Jahrhunderts. Der Vorname eines Menschen ist gleichsam ein Kennzeichen seiner Persönlichkeit, seines Charakters, seiner seelischen und geistigen Identität, ein Schlüssel zu seinem Selbst.

Die Magie von Buchstaben spiegelt sich auch in vielen Kinderreimen und -liedern.

Ein Vorname ist an und für sich schon ein magisches Schlüsselwort. Sehr viel mehr können wir durch die Aufteilung des Vornamens in seine einzelnen Buchstaben erkennen und erfahren. Denn erst durch sie wird die magische Kraft des Vornamens wirksam.

Wenn Sie also wissen wollen, welche Eigenschaften und Charakterzüge Ihr Partner hat, zerlegen Sie seinen Vornamen in einzelne Buchstaben. Dadurch können Sie den Menschen, den Sie lieben, dem Sie Zuneigung schenken oder den Sie für sich gewinnen wollen, positiv beeinflussen, weil Sie wissen, wie Sie ihm begegnen müssen, weil Sie seine Stärken und Schwächen kennen.

So entschlüsseln Sie die einzelnen Buchstaben

A	schöpferisch, kreativ, kraftvoll, erfolgreich
B	phantasievoll, hilfsbereit, aufmerksam, entschlossen, ängstlich
C	wendig, begabt, neugierig, wach, aktiv

D	aufgeschlossen, konzentriert, nicht immer konsequent, medial veranlagt
E	hellwacher Verstand, begeisterungsfähig, intuitiv, zerstreut, unentschlossen
F	erwartungsvoll, distanziert, liebevoll, manchmal aber auch sehr nörglerisch und intolerant
G	sicher in den Reaktionen und sehr selbstbewußt, harmoniebeseelt und nachdenklich
H	engagiert, zielbewußt und aufmerksam, manchmal auch sehr grüblerisch veranlagt
I	kraftvoll, energiegeladen, teilweise unbeständig und zerfahren
J	sensibel, einfühlsam, taktvoll, mitunter starr im Denken, liebenswert
K	aufgeschlossen für alles Neue, für Reisen, Menschen, berufliche Aufgaben, mitunter sehr schwerfällig
L	wendig, lebendig, intellektuell ohne Arroganz, manchmal untreu, fordernd
M	sprachbegabt, einfühlsam, sentimental, abenteuerlich, zielstrebig, unerschrocken
N	guter Zuhörer, liebt Menschen, kann sehr taktlos sein, um sich selbst zu behaupten
O	materiell erfolgreich, beständig, dominant, gutes Urteilsvermögen, aber auch große Ungeduld
P	extrem egoistisch, dann wieder hilfsbereit und zugänglich, oft anmaßend, aber auch verantwortungsvoll

Buchstaben sind die schriftliche Wiedergabe von gesprochenen Lauten und stehen für die Gefühle, die wir mit diesem Laut assoziieren.

Q	erfüllt von Harmonie, großem Charme, erfolgreich, in einigen Situationen von zu starrem Denken beherrscht
R	gute bildliche Vorstellungskraft, große Fähigkeiten im Nachempfinden, ab und zu sehr launisch und aggressiv
S	motiviert durch hohen künstlerischen Anspruch an sich selbst und an andere, gefühlsbetont bis zum Selbstmitleid
T	sehr mobil, entdeckungsfreudig, wenig seßhaft, manchmal zynisch und menschenverachtend
U	von augenblicklichen Erfolgen geblendet, leicht verführbar, immer geschickt genug, Katastrophen abzuwenden
V	sehr mystisch veranlagt, Hang zu Esoterik und Magie, erfolgreich im Geschäftsleben, aber auch leichtgläubig
W	zu großer Selbstkritik fähig, mutig und logisch, von vielen Selbstvorwürfen geplagt, äußerst nachtragend
X	kontaktfreudig, manchmal distanziert, große Neigung zu Problemen und Schwierigkeiten
Y	sehr zufrieden mit sich und dem sozialen Umfeld, oft schwerfällig, aber hellhörig, wenn es um eigene Interessen geht
Z	erfrischend originell, dann wiederum sehr langsam im Denken, egozentrisch und hilfsbereit, rasch im Denken, behäbig im Empfinden, nimmt sich menschliche Enttäuschungen sehr zu Herzen

In vielen Kulturen mit Buchstabenschriften werden Lettern in magischen Ritualen verwendet. Namen oder Initialen können auch persönliche Gegenstände wie zum Beispiel Haare ersetzen.

Hellsehen mit der Kristallkugel und dem Spiegel

Wie die Tarotkarten ist auch die Kristallkugel ein ausgezeichnetes Hilfsmittel, um in die Zukunft zu sehen. Sie dient dazu, ihre Konzentration zu stärken und sie in einem Punkt zu vereinigen. Durch das Betrachten der Kugel verbildlichen sich Ihre inneren Erfahrungen. Neue Bereiche und andere Geschehensebenen werden auf diese Weise erschlossen. Hinzu kommt, daß die Arbeit mit der Kristallkugel das Bewußtsein erweitern und vertiefen kann.

Die Bilder und Erlebnisse, die sich Ihnen in der Kristallkugel offenbaren, können sich vor langer Zeit abgespielt haben, sie können aber auch in der Gegenwart oder in der Zukunft geschehen.

Am besten besorgen Sie sich eine Kristallkugel von ca. zwölf Zentimetern Durchmesser. Stellen Sie sie auf einen Kartonring

In eine Kristallkugel zu blicken, ist eine spannende Erfahrung. Erleben Sie, wie sich plötzlich Bilder vor Ihren Augen auftun und Ihnen neue Erkenntnisse vermitteln.

von etwa einem Zentimeter Höhe, der auf einem schwarzen Tuch steht. Die Kristallkugel sollte so stehen, daß eine Lichtquelle von hinten auf die Kugel fällt. Nur die Kugel sollte beleuchtet werden, der übrige Raum aber im Dunkeln liegen.
Der Raum, in dem Sie das Kristallsehen ausüben, sollte ruhig und angenehm temperiert sein. Gehen Sie diese Übung ganz ausgeruht, völlig entspannt und innerlich ganz locker an. Brillenträger nehmen vorher ihre Brille ab.

Mit der Kristallkugel in die Zukunft sehen

- Sie setzen sich in bequemer Kleidung an den Tisch, auf dem die Kristallkugel steht, und atmen einige Male tief ein und aus. Probieren Sie nun die richtige Entfernung zur Kugel aus und fixieren Sie diese dann mit den Augen. Dabei blicken Sie durch die Kugel hindurch in eine weite Ferne, damit sich das Auge auf »unendlich« einstellen kann, so wie es im Freien passiert, wenn Sie den Horizont betrachten.
- Ihr Atem geht ganz ruhig und regelmäßig und fließt leicht und kraftvoll durch Sie hindurch. Alle störenden Gedanken lösen sich auf und treten in den Hintergrund.
- Zunächst reflektiert sich die Umgebung in der Kristallkugel, doch kurz darauf sehen Sie neblige Streifen oder Wolkengebilde, die dem eigentlichen Sehen vorausgehen.
- Ihr Geist beruhigt sich nach und nach. Tiefe Ruhe erfüllt Sie, nachdem Sie alle Gedanken entlassen haben und ganz leer geworden sind. Die dadurch kurzzeitig auftretende Müdigkeit weicht sehr bald einer wohltuenden Erwartung.
- Sie öffnen sich ganz Ihrer Intuition und beobachten interessiert alle Gedanken – ohne sie festzuhalten –, die in Ihnen aufsteigen oder die in Ihnen bei der Einstellung auf die Kristallkugel aufgestiegen sind.

Treten Ermüdungserscheinungen auf, brechen Sie die Übung ab und kehren langsam wieder in den Alltag zurück.

Sitzungen, die länger als 30 Minuten dauern oder öfter als zweimal in der Woche stattfinden, kosten viel Energie. Lernen Sie, Ihr eigenes Energiepotential abzuschätzen, denn es ist nicht immer gleich stark.

- Sie erleben, wie sich die Gebilde lichten und Sie plötzlich etwas mit überraschender Klarheit sehen. Es kann ein Symbol sein, ein Wort, ein Satz oder sogar eine ganze Szene mit sich bewegenden Personen. Der im Sehen Geübte wird sich bei manchen Sitzungen nicht als Beobachter wähnen, der von außen betrachtet, sondern sich mitten im Geschehen erleben und die Botschaft der Kristallkugel erfahren.

Das Erstaunliche dabei ist, daß Sie sich ohne jegliche Vorbereitung vor die Kugel setzen können, ohne besonderen Wunsch. Sie können aber auch gezielte Fragen stellen über Dinge, die Sie bewegen. Je intensiver Sie sich zuvor mit einer Frage befaßt haben und je präziser Sie diese stellen, je inniger der Wunsch ist, sie beantwortet zu bekommen, desto größer wird auch Ihr Erfolg sein. Vor allem aber müssen Sie mit sich und mit der Kristallkugel große Geduld haben, dann werden Sie bald sehr präzise Ergebnisse erhalten.

Die Bedeutung der Bilder

Es ist sehr wichtig, alle auftretenden Erscheinungen richtig zu deuten, denn es könnten auch Wunschbilder sein, die uns die Phantasie vorgaukelt und die dadurch für die erstrebten Zwecke völlig unbrauchbar sind. Die Bilder, die Sie sehen, können aus der Vergangenheit, der Gegenwart oder der Zukunft stammen. Hier müssen Sie sehr sorgfältig überlegen und abwägen.
Prüfen Sie alle Antworten, die Sie auf Ihre Fragen erhalten, sehr kritisch darauf, was sie zu bedeuten haben. Denn häufig sind sie nur symbolisch zu verstehen, wobei erst die Ausdeutung des Symbols die richtige Antwort ergibt.
Erscheinen in der Kugel lebende, Ihnen bekannte Personen, sollten Sie sich mit ihnen in Verbindung setzen, da sie Sie unbewußt gerufen haben und vielleicht Ihre Hilfe oder Ihren Beistand brauchen.

Der magische Spiegel

Nach dem gleichen Prinzip wie mit der Kristallkugel können Sie auch in einem magischen Spiegel Ihre Zukunft sehen.

Vorbereitungen

Für das Hellsehen nehmen Sie eine runde Spiegelscheibe, die in einen Rahmen, den Sie anfertigen lassen können, eingepaßt werden muß. Für einen Hellsehspiegel dürfen weder Kleber noch Metallbefestigungen verwendet werden. Am besten geeignet wäre ein Silberspiegel, aber wenn Sie ihn nicht erben oder geschenkt bekommen, ist das eine sehr teure Anschaffung.
Bevor Sie den Spiegel in Gebrauch nehmen, müssen Sie ihn zuerst mit magnetisiertem Wasser reinigen.

Wie wird magnetisiertes Wasser hergestellt?

Zuerst halten Sie Ihre Hände fünf Minuten lang unter fließendes kaltes Wasser. Dabei füllen Sie drei hohe Trinkgläser mit normalem Leitungswasser. Stellen Sie diese in 15 Zentimetern Abstand nebeneinander auf eine neutrale Unterlage, gut geeignet hierfür ist eine Steinplatte (Marmor oder Porzellan).
Sie legen beide Hände aufeinander und reiben die Handflächen zwei Minuten lang. Nun halten Sie die linke Hand in einem Abstand von fünf Zentimetern eine Viertelstunde über das linke Glas. Dann verfahren Sie mit der rechten Hand über dem rechten Glas ebenso. Das Glas in der Mitte dient lediglich Vergleichszwecken. Sie werden feststellen, daß das mit der rechten Hand magnetisierte Wasser frisch, prickelnd, metallisch (meist nach Eisen) schmeckt, das mit der linken Hand bestrahlte Wasser ist fad und abgestanden.
Das auf diese Art und Weise gewonnene Wasser bringt Ihnen verbrauchte Kräfte sehr rasch zurück, wenn Sie es trinken. Es ist aber auch ganz ausgezeichnet geeignet, Ihren Pflanzen zu

Vielleicht gelingt es Ihnen beim ersten oder zweiten Mal nicht gleich so, wie ich es Ihnen schildere. Lassen Sie sich nicht entmutigen. Versuchen Sie es weiter. Ich bin ganz sicher, daß es Ihnen bald gelingen wird.

kräftigem und gesundem Wachstum zu verhelfen. Geben Sie ihnen – je nach Größe – täglich von dem von Ihnen magnetisierten Wasser. Sie werden schon nach kurzer Zeit feststellen, daß Ihre Blumen, Pflanzen und Bäume tatsächlich rascher wachsen, kräftiger werden und daß die Farben der Blüten intensiv zu leuchten beginnen.

Sich einstimmen

Mit einem Spiegel können Sie ebenfalls Bilder hervorrufen, die ähnliche Aussagen erlauben, wie das, was Sie in der Kristallkugel sehen.

Legen Sie den Spiegel vor sich auf einen Tisch, und stellen Sie links davon eine weiße, rechts eine rote Kerze auf. Die Kerzen werden angezündet, und dann halten Sie Ihre Hände in einem Abstand von etwa fünf Zentimetern über den Spiegel.

Während Sie ruhig und in regelmäßigem Rhythmus ein- und ausatmen, spüren Sie Ihre Lebensenergie – die Vibration Ihrer Seele. Der gleichmäßige Rhythmus Ihres Atems erfüllt Sie mit großer innerer Ruhe, die Ihren ganzen Körper durchdringt. Sie fühlen, wie ein mächtiger Kraftstrom Sie durchbraust, wie alles Irdische, Belastende, Bedrückende von Ihnen weicht. Verweilen Sie so mindestens 15 Minuten lang. Dann lösen Sie sich wieder, umhüllen den Spiegel mit einem unbenutzten Seidentuch und verwahren ihn drei Tage lang in einem dunklen Raum auf.

Hellsehen mit dem Spiegel

Bevor Sie den Spiegel bei einer Hellsehsitzung nutzen, reinigen Sie ihn und Ihre Hände mit magnetisiertem Wasser. Eine etwa fünfminütige Reinigung ist ausreichend. Stellen Sie den Spiegel so auf, daß Sie bequem in ihn hineinsehen können und keine anderen Lichtquellen von ihm reflektiert werden. Links von ihm stellen Sie eine blaue Kerze, rechts eine gelbe Kerze auf. Zünden Sie zunächst die blaue, dann die gelbe Kerze an.

Ganz ruhig und entspannt stimmen Sie sich nun auf den Spiegel ein. Sehen Sie Ihrem Spiegelbild lange in die Augen, halten Sie den Blick fest – aber nicht starr – auf die Pupillen gerichtet. Das kostet zunächst einige Überwindung, aber halten Sie durch, auch wenn Ihre Augen zu tränen beginnen. Das hört nach kurzer Zeit von selbst wieder auf.

Bilder entstehen

Nun werden Sie folgende Veränderungen an sich feststellen: Ihre Umwelt tritt immer mehr in den Hintergrund, farbige Ringe kreisen vor Ihren Augen, Lichter blitzen auf und erlöschen wieder. Landschaften, Gebäude, Menschen kommen auf Sie zu, verharren kurz – und zerfließen. Der Spiegel beginnt sich zu verfärben, er wird schwarz und nimmt gleich darauf wieder eine helle Farbe an.

Die Fähigkeit, die richtigen Fragen zu formulieren, ist eine wichtige Voraussetzung dafür, die Bilder, die Sie im Spiegel sehen, richtig zu deuten.

Jetzt haben Sie die Trancestufe erreicht, die Sie zum Hellsehen befähigt. Bilder kommen auf Sie zu und entfernen sich wieder. Neue Bilder entstehen und lösen sich wieder auf. Lassen Sie die Bilder auf sich wirken und überlegen Sie, was sie aussagen könnten. Kommen sie aus der Vergangenheit, zeigen sie die Gegenwart oder die Zukunft? Sind es Bilder oder Symbole? Welche Gefühle lösen sie bei Ihnen aus? Was kommt Ihnen bekannt vor und was wirkt fremd auf Sie?

Stellen Sie die richtigen Fragen, interpretieren Sie die Bilder oder die Symbolik, für die sie stehen, und Sie werden Antworten erhalten und Erkenntnisse gewinnen, die für Ihr weiteres Leben von entscheidender Bedeutung sind.

Verlassen Sie sich auf Ihre Intuition, wenn Sie versuchen, die Bilder einzuordnen und darüber nachzudenken. Welcher Weg wird Ihnen aufgezeigt, wie ist er zu beschreiten, wo könnten Fallen und Klippen auf Sie zukommen? Die Deutung der Bilder ist nicht immer einfach, aber mit einiger Übung werden Sie die richtigen Antworten finden.

Karten: Auskunft über das Schicksal

Das Tarot

Das Tarot ist mein Lieblingsorakel. Mit den Karten dieses Spiels, das man auch oft als »Mutter aller Kartenspiele« bezeichnet, haben schon die alten Ägypter vor großen Entscheidungen Rat gesucht. Es besteht aus insgesamt 78 Karten, von denen wir aber nur 22 verwenden – die Karten des »Großen Arkana«. Das sind die wichtigsten, geheimnisvollsten Schicksalskarten, ein wertvolles Hilfsmittel, um die verschlungenen und verworrenen Wege in die Zukunft zu enträtseln. Diese Bilder finden ihre Entsprechungen in den 22 Buchstaben des hebräischen Alphabets; sie stellen die archetypischen Wirkkräfte dar, die den Menschen bestimmen.

Wahrscheinlich kamen Tarotkarten im 14. Jahrhundert über Italien nach Europa. Sie sollen von Zigeunern und Kreuzrittern mitgebracht worden sein.

Einer alten Überlieferung nach waren die 22 Großen Arkana des Tarot Kopien von Bildern, die einst im Tempel von Memphis zu Ehren und zum Ruhme der Götter angebracht waren. Durch die meditative Betrachtungsweise dieser Bilder fanden die Menschen Zugang zu sich selbst, zu ihrem tiefsten Wesenskern, zu ihrem eigentlichen Selbst. Dadurch wurden sie mit den kosmischen Kräften verbunden; sie lernten, diese zu nutzen und sie für sich arbeiten zu lassen.

Auch unser Unterbewußtsein spricht in Bildern und läßt sich durch bildhafte Vorstellungen erreichen und beeinflussen. Durch die Symbole auf den Tarotkarten wird es gewissermaßen angesprochen, es öffnet sich dem Befragenden und gibt Antwort auf vieles, was uns am Herzen liegt – doch nur, wenn Sie klar und präzise formulieren:

Ich kann das Tarotspiel allen Menschen empfehlen, die durch Selbsterkenntnis und intuitiv Wege finden möchten, um Krisen und Probleme zu bewältigen oder neue Ziele anzupeilen.

Wie sieht meine Zukunft aus? Lerne ich endlich meine große Liebe kennen? Bleibt meine Partnerschaft stabil? Werde ich einmal zu einem großen Vermögen kommen? Steht mir eine blendende Karriere bevor? Bleibe ich von Krankheit oder Unfällen verschont?

Das sind Fragen, die uns alle bewegen, Fragen, die wir normalerweise gar nicht beantworten können, da sie sich außerhalb unseres Einflußbereiches bewegen. Die Tarotkarten, die Beschäftigung mit Ihren inneren Bildern kann Ihr Leben wesentlich bereichern. Die Karten können Ihnen jedoch nur vermitteln, was tief in Ihnen schon schlummert. Sie dürfen sich davon aber nicht abhängig machen und dabei die Realität aus dem Auge verlieren. Wenn Sie das Tarot als Lebenshilfe, als wertvollen Ratgeber einsetzen, werden Sie Entscheidendes in Ihrem Leben erkennen und es beeinflussen können.

Ich arbeite am liebsten mit dem Rider Tarot, das in allen einschlägigen Buchhandlungen erhältlich ist und besonders schöne Bilder hat.

Die Karten befragen

Wichtig ist, daß Sie die Karten richtig mischen. Währenddessen konzentrieren Sie sich schon auf die Frage, an deren Beantwortung Ihnen gelegen ist. Die Karten drücken große Lebensweisheit aus, und wer die Antwort auf eine Frage oder die Lösung eines Problems wissen will, muß sich dabei auf sich und dieses Problem konzentrieren. Bleiben Sie aber dennoch ruhig und entspannt.

Die gemischten Karten werden mit dem Rücken nach oben fächerförmig ausgebreitet. Sie wählen mit der rechten Hand drei Karten aus und legen die erste in die Mitte, die zweite links daneben, die dritte nach rechts. Dann drehen Sie sie in der gleichen Reihenfolge um. Lassen Sie das Bild, das Sie sehen, auf sich wirken.

Ein Legebeispiel:

Die Bedeutung der einzelnen Kartensymbole und ihrer Ausrichtung erfahren Sie ab Seite 50

1. Karte: Die erste Karte ist die Hauptaussage, sie teilt mit, was passieren wird.
2. Karte: Sie nennt Aspekte, die berücksichtigt werden müssen und schon in der Vergangenheit vorhanden waren.
3. Karte: Mit der dritten Karte erkennen wir Einflüsse, die unsere Zukunft bestimmen.

Das Keltische Kreuz

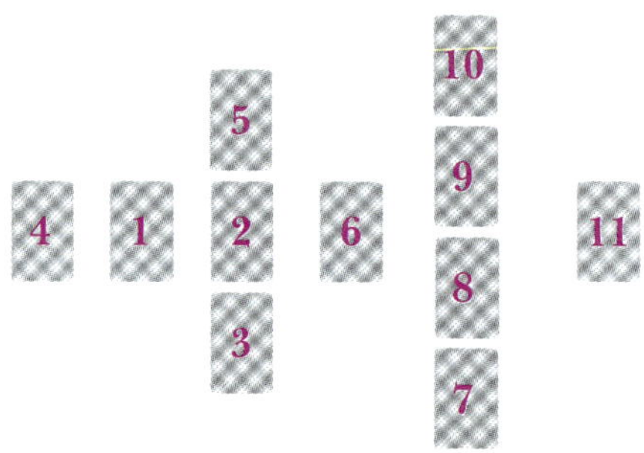

Die Zahlen (zur Illustration) bedeuten:

1 Allgemeine Lage
2 Erläuterung
3 Schuld
4 Vergangenheit
5 Gegenwart
6 Pflichten
7 Einflüsse
8 Einflüsse
9 Förderung
10 Förderung
11 Ziel

Die Karten müssen wieder gut gemischt werden. Ziehen Sie verdeckt elf Karten, und legen Sie sie nach dem Keltischen Kreuz

aus. Sie müssen darauf achten, ob die Tarotkarte beim Aufdecken richtig liegt oder kopfsteht (siehe Seite 50–61).
Stellen Sie gezielte Fragen. Also nicht: »Werde ich geliebt?«, sondern: »Was kann ich tun, um mit meinem Partner glücklich zu werden?«

Das Tarot zeigt dem Fragesteller Lösungsmöglichkeiten auf, die er bewußt noch gar nicht wahrgenommen hat.

Karten 1 und 2: Sie symbolisieren Ihre augenblickliche Situation. Welchen Einflüssen sind Sie ausgesetzt? Was bedrückt Sie? Die Karte 2 weist auf die Natur der Hindernisse in der Angelegenheit hin. Sie kann die Aussage verstärken oder mildern.

Karte 3: Wer oder was trägt an der augenblicklichen Situation die Schuld?

Karte 4: Sie deckt die Einflüsse der jüngsten Vergangenheit auf und gibt Ihnen Hinweise darauf, was Ihr Unterbewußtsein in letzter Zeit beschäftigte.

Karte 5: Diese Karte gibt vorübergehende Einflüsse wieder und zeigt an, ob und wo weitere Schwierigkeiten zu erwarten sind.

Karte 6: Sie sagt Ihnen, was Sie tun müssen, um alle Probleme zu bewältigen und alle Hindernisse überwinden zu können.

Karten 7 und 8: Diese Karten weisen auf Einflüsse hin, von denen Sie sich so rasch wie möglich befreien sollten.

Karten 9 und 10: Die beiden Karten stellen Hoffnungen und Befürchtungen dar und zeigen an, was in Zukunft auf Sie zukommen wird.

Karte 11: Diese Karte weist Ihnen das Ziel an, die Richtung, die Ihr Leben nehmen kann, wenn Sie die richtigen Entscheidungen treffen.

Der besondere Reiz des Tarotspiels liegt darin, daß es verborgene Wünsche und Sehnsüchte aufdeckt, aber auch insgeheime Ängste und Befürchtungen erkennen läßt.

Die Karten drücken Lebensweisheit aus, und wer die Antwort auf eine Frage, die Lösung eines Problems wissen will, muß dabei sich und sein Problem immer im Auge behalten. Das Tarot kann uns sehr intelligente Antworten geben – aber nur, wenn wir die richtigen Fragen stellen. Diese müssen sehr präzise lauten und dürfen keine Allgemeinplätze enthalten, weil sonst die Aussage wertlos ist.

Wählen Sie Ihre Schicksalskarten

Wenn Sie auf die Tarotkarten blicken, ist das gerade so, als würden vor Ihren Augen die Abgründe Ihrer Seele aufgetan. In den bizarren Bildern spiegeln sich Ihre Urängste, Ihre tiefinnersten Wünsche.
Lassen Sie diese Bilder ganz unvoreingenommen auf sich wirken. Vernehmen Sie, welche Regungen dabei geweckt werden. Diese können sehr stark sein, weil Ihre geheimsten Seiten aufgedeckt werden. Wählen Sie sodann zwei Karten aus. Ihre Entscheidung sollte aber nicht vom Kopf her getroffen werden, sondern aus dem Bauch heraus fallen: Welche Karte gefällt Ihnen am besten, welche erschreckt Sie am meisten? Lesen Sie heraus, was diese beiden Karten für Sie aussagen. Die Vorhersage gilt meistens für einen Zeitraum von etwa vier Wochen.

Die Bedeutung der Tarot-Karten

Im Tarot hat jede Karte eine ganz spezielle Bedeutung. Dabei kommt es nicht allein auf die einzelnen Symbole an, die Sie gezogen haben. Auch die Ausrichtung der Bilder ist wichtig. Erscheinen Sie beim Umdrehen richtig herum oder auf dem Kopf. Die Bedeutung kann ganz unterschiedlich sein.

0 Der Narr

Er geht mit seinem kleinen Bündel unbekümmert seinen Weg, leichtsinnig, wirr und unüberlegt. Die Karte warnt vor Leichtsinn und Sorglosigkeit.

Richtig: Beneidenswert! Mit naiver Leichtigkeit kommen Sie ganz besonders weit. Alle Schwierigkeiten werden sich in Nichts auflösen. Vergessen Sie alle Zweifel und nehmen Sie manche Dinge mehr auf die leichte Schulter. Aber nicht übertreiben!

Kopfstehend: Sehen Sie zu, daß Sie nicht verkrampft und verbissen vorgehen. Verzichten Sie auf Prozesse, Sie könnten nur verlieren. Stecken Sie in der nächsten Zeit Ihre Ziele nicht zu hoch und versuchen Sie nichts zu erzwingen. Keine Angst: Sie verlieren nichts. Vorsicht ist bei Geschäften angeraten.

I Der Magier

Er beherrscht die Welt und kennt ihre Geheimnisse. Seine Fähigkeiten sind unbegrenzt, wie die liegende Acht über seinem Kopf anzeigt. Er ist erfüllt von großer Willensstärke und Durchsetzungskraft. Übertriebene Eitelkeit kann Schaden bringen.

Richtig: Sie möchten sich schon lange einer besonderen Aufgabe zuwenden. Jetzt ist der Augenblick gekommen, den Plan in die Tat umzusetzen. Besondere Erfolge auf kreativem Gebiet bringen den großen Durchbruch.

Kopfstehend: Sie müssen die Angst und Ihre zu große Bescheidenheit ablegen und sich stärker als bisher zu Ihren Talenten bekennen. Hören Sie nicht zu sehr auf andere, sonst werden Sie niemals selbstbewußt.

II Die Hohepriesterin

Der weibliche Gegenpol zum Magier schützt vor negativen Einflüssen und vermittelt intuitives Wissen. Sie rät zur Bedächtigkeit und zu langsamerem Tempo. In ihrem Schoß hält sie das Buch des Wissens, in das sie manchmal Einblick gibt.

Richtig: Haben Sie sich für eine bestimmte Sache erst einmal entschieden, wird Sie Ihnen gelingen. Freunde und wohlmeinende Menschen werden Ihnen beistehen und mit Rat und Tat helfen. Manche Situationen arrangieren sich wie von selbst.
Kopfstehend: Sie dürfen sich nicht zu sehr überschätzen. Eine realistischere Einstellung könnte Ihnen nicht schaden. Informieren Sie sich sehr genau, wenn Sie eine neue Beziehung eingehen wollen.

III Die Herrscherin

Sie ist die Herzensdame, steht für Zuwachs und Überfluß und verkörpert die Fruchtbarkeit. Sie beschützt und behütet vor allem Unbill und enthüllt das in der Zukunft Verborgene.

Richtig: Die Herrscherin verheißt positive Entwicklungen bei Geschäften und allen Arten des Handels. Künstlerische Arbeiten finden großen Anklang und können den Weg zu einer ganz neuen Karriere eröffnen.
Kopfstehend: Hüten Sie sich vor Intrigen. In Ihrem unmittelbaren Umfeld gibt es eine Person, die es nicht gut mit Ihnen meint. Behalten Sie Ihre Probleme, Nöte und Sorgen für sich. Man will Sie zu Ihrem Nachteil ausnützen.

IV Der Herrscher

Er hat großes Durchsetzungsvermögen, einen ausgeprägten Realitätssinn und setzt alle Pläne umgehend in die Tat um. Von einem Mann gewählt, bedeutet dies beruflichen Erfolg. Von einer Frau gezogen, verkündet er Liebe und Glück.

Richtig: Lassen Sie sich nicht beirren, wenn es kleine Fehlschläge geben sollte. Das ist bald vergessen, wenn es um wirklich große Dinge geht. Sie werden große Erfolge verzeichnen können, vorausgesetzt, Sie haben die entsprechende Basis dafür geschaffen.
Kopfstehend: Nehmen Sie mehr Rücksicht auf Ihre Mitmenschen, um sich nicht zu isolieren. Konzentrieren Sie sich auf Ihre Lebensaufgabe und verzetteln Sie sich nicht.

V Der Hierophant

Er symbolisiert Vertrauen, Weisheit und guten Rat. Er steht für die Person, die sich in Form von Autoritätspersonen und Institutionen manifestiert und mit der der Fragende Verkehr pflegt oder gern zusammenarbeiten möchte.

Richtig: Neue Einsichten tun sich auf. Doch Sie müssen sich voll und ganz einsetzen. Wahren Sie das Gleichgewicht zwischen innerem Streben und äußeren Pflichten.
Kopfstehend: Allzu blindes Vertrauen kann Ihnen herbe Einbußen eintragen. Sie dürfen persönliche Überzeugungen nicht zu starr werden lassen. Treten Sie nicht auf der Stelle, sondern beschreiten Sie Ihren Weg geradlinig und zielbewußt, um Ihre Vorstellungen realisieren zu können.

VI Die Liebenden

Adam und Eva haben von der verbotenen Frucht genascht und werden nun vom mächtigen Engel aus dem Paradies vertrieben.

Richtig: Es wird etwas Neues beginnen, das Sie im Moment noch mit Angst erfüllt. Es kann zunächst schmerzen, von etwas Abschied nehmen zu müssen. Doch der Schritt ist notwendig. Er gelingt um so besser, je entschlossener Sie handeln.
Kopfstehend: Hören Sie endlich auf, sich immer nur Schuld einzureden. Sie müssen unbedingt einen Schlußstrich unter Vergangenes ziehen, sonst verderben Sie sich die kommenden Monate gründlich. Schauen Sie zuversichtlich in die Zukunft, denn nur sie bestimmt Ihr weiteres Leben.

VII Der Wagen

Eine gute und eine böse Sphinx versuchen, den Schicksalswagen in unterschiedliche Richtungen zu ziehen. Doch ein starker Wille führt sie. Der Wagen wird auf jeden Fall sein Ziel erreichen.

Richtig: Ein ganz besonderer Erfolg steht bevor, eine lange Auseinandersetzung wird erfolgreich beendet. Sie wissen, was Sie wollen, und lassen sich nicht von plötzlichen Einfällen und Launen verleiten. Die Richtung stimmt. Bleiben Sie sich selbst treu.
Kopfstehend: Fangen Sie bloß nicht schon wieder damit an, Böses zu ahnen und den Teufel an die Wand zu malen! Sorgen Sie aber auch dafür, daß Wünsche und Bedürfnisse nicht unentwegt unterdrückt und verdrängt werden.

VIII Kraft

Eine Frau, die einen Löwen bändigt, verspricht Selbstvertrauen, Mut, Tatkraft und Gesundheit. Man wird sich von alten Dingen lösen, wird neue Aufgaben erfolgreich anpacken.

Richtig: Die neuen Kräfte sind noch nicht richtig gezähmt. Werden Sie also nicht zu übermütig. In allerletzter Minute wird sich für Sie ganz überraschend eine sehr positive Lösung ergeben, der sie ruhig ins Auge blicken können.

Kopfstehend: Mißbrauchen Sie Ihren Einfluß nicht. Hüten Sie sich vor Streitigkeiten und Wutausbrüchen. Damit erreichen Sie gar nichts. Seien Sie vorsichtig mit unüberlegten Handlungen und unvorsichtigen Äußerungen.

IX Der Eremit

Der weise Mann hat die Welt hinter sich gelassen – und dient ihr gleichzeitig als Wegweiser. Wie ein Leuchtturm verweist er auf Gefahren, vor denen Sie sich hüten müssen.

Richtig: Sie haben im neuen Jahr fast so etwas wie eine Mission zu erfüllen. Man braucht Sie dringend – und das kann geradezu eine gewisse Angst auslösen. Keine Sorge: Sie werden an der Aufgabe über sich hinauswachsen.

Kopfstehend: Sie wissen sehr wohl, daß Sie einmal etwas Abstand von der gegenwärtigen Umgebung brauchen. Sie müssen herausfinden, wer Sie sind und wohin Sie überhaupt unterwegs sind. Gehen Sie ein wenig mehr aus sich heraus, Sie sind zu weltfremd.

X Rad des Schicksals

Gute und böse Kräfte drehen das Rad. Bald ist man oben, bald unten. Doch was auch kommt: Über allem wachen die mächtigsten Engel.

Richtig: Machen Sie sich in den nächsten Monaten auf grundlegende Veränderungen gefaßt. Sie mögen zunächst schlimm aussehen. Letztlich sind sie zu Ihrem Besten. Sie gewinnen und stehen am Jahresende bedeutend besser da.
Kopfstehend: Sie müssen endlich aufhören, den Fehler immer nur bei anderen zu suchen. Nehmen Sie Ihr Schicksal selbst in die Hand und lassen Sie es nicht länger von der Gunst anderer abhängen. Nur Sie selbst können an Ihrem Schicksal arbeiten und es positiv gestalten.

XI Gerechtigkeit

Eine gekrönte Frau hält eine Waage und ein Schwert in der Hand. Blind ist sie jedoch nicht. Die Karte verspricht stabile Verhältnisse. Sie ist das Symbol für die Auferstehung, für die Erlösung und den Sieg des Guten.

Richtig: Die Folgen früherer Gedanken und Taten werden sichtbar. Denken Sie einmal darüber nach, ob Sie alles richtig machen. Dementsprechend werden Sie von Ihren Mitmenschen behandelt. Jetzt werden Ihnen größere Zusammenhänge deutlich.
Kopfstehend: Zu großer Egoismus ist gefährlich. Ihr Blick ist manchmal durch Vorurteile getrübt. Wenn Sie weiterhin in Ihren Fehlern verharren, passiert ein Mißgeschick.

XII Der Gehängte

Mitunter ist es notwendig, die eigene Situation aus einem ganz neuen Blickwinkel zu sehen. Das muß nicht alles auf den Kopf stellen. Ein abgeklärter Blick hilft Ihnen bei der Analyse Ihrer derzeitigen Situation und zeigt Alternativen auf.

Richtig: Sie können sicher sein, daß Sie sich in Kürze aus einer sehr verzwickten Situation befreien können, und dann sieht umgehend alles wieder sehr positiv aus. Haben Sie Mut zu originellen Ideen.
Kopfstehend: Keine Wehleidigkeiten auf der einen Seite, kein übertriebener Opfersinn, der Märtyrercharakter annehmen kann, auf der anderen. Setzen Sie sich selbst keinen Heiligenschein auf, sondern bleiben Sie realistisch auf dem Boden.

XIII Tod

Schnitter Tod mit der Sense kündigt Veränderungen an. Eine Sache wird endlich zum Abschluß gebracht. Etwas ist vorbei, Neues ist in Sicht. Das Leben verändert sich, und es eröffnen sich Ihnen neue Möglichkeiten.

Richtig: Seien Sie zuversichtlich. Wandlungen sind notwendig. Ein neuer Anfang ist immer gut und läßt neue Kräfte entstehen. Doch das geht nicht immer ohne Ängste und Zweifel vonstatten. Überwinden Sie sie und packen Sie Neues selbstbewußt an.
Kopfstehend: Verluste drohen, Abschied oder Verwandlung steht ins Haus. In einer Partnerschaft kann dies Trennung bedeuten. Halten Sie nicht zu sehr an alten Gewohnheiten fest.

XIV Mässigkeit

Ein Engel steht mit einem Fuß im See, mit dem anderen am Ufer – und gießt Wasser von einem Kelch in den anderen. Das Leben läuft beschaulich ab. Diese Karte symbolisiert das rechte Maß und fordert aktiv auf, das innere Gleichgewicht herzustellen.

Richtig: Sie wissen, was Sie wollen und können. Sie müssen nur geduldig abwarten können, bis Ihre Zeit gekommen ist. Aber das werden Sie schon rechtzeitig merken. Schwierigkeiten werden durch kontrolliertes Handeln behoben.
Kopfstehend: Unruhige Zeiten kommen auf Sie zu. Werden Sie nicht unzufrieden und gehen Sie alle neuen Dinge mit größter Vorsicht an. Leben Sie nicht zu sehr in Extremen.

XV Der Teufel

Der Teufel symbolisiert das Böse und warnt vor übertriebenen Leidenschaften. Hüten Sie sich vor Abhängigkeit, vor übertriebener Genußsucht und vor Selbstzerstörung. Mit Vorsicht und Disziplin können Sie sich vor bösen Einflüssen schützen.

Richtig: Es besteht die Gefahr, daß Sie sich selbst etwas vormachen. Hüten Sie sich vor sexuellen Exzessen und Beziehungen, die zwischen blindem Haß und blinder Liebe schwanken.
Kopfstehend: Neue Energien bauen sich auf. Es gibt nichts, was Ihnen jetzt nicht gelingt. Hüten Sie sich vor Menschen, die Ihnen zu große Versprechungen machen. Die Gefahr, daß Sie enttäuscht werden, ist jetzt besonders groß.

XVI Der Turm

Der Blitz schlägt ein, zwei Menschen stürzen aus den brennenden Fenstern. Ein wahres Alptraumbild, wie es nicht selten geträumt wird.

Richtig: Es wird Ihnen gelingen, verkrustete Verhältnisse aufzubrechen und etwas ganz Neues zu starten. Dieser Aufbruch kann zunächst mit einer herben Trennung verbunden sein. Besitz ist nicht alles. Es gibt Wertvolleres! In der Liebe wird es Zeit für neue Impulse.
Kopfstehend: Sie müssen die Angst loswerden, Sie könnten über Nacht alles Erreichte verlieren. Das ist deshalb so wichtig, weil die Angst Sie sonst krank werden läßt. Gewinnen Sie befreienden Abstand! Üben Sie sich in Geduld und Verschwiegenheit.

XVII Der Stern

Die Sonne, umgeben von sieben Planeten, garantiert Glück und Fruchtbarkeit. Das schöne Mädchen leert ihre Krüge über Land und Wasser. Eine gute Karte, die alle Chancen verspricht.

Richtig: Eine Phase außergewöhnlicher Erfolge steht Ihnen bevor. Sie werden neue Liebe finden und vielleicht sogar eine Familie gründen. Ihre Wünsche gehen in Erfüllung – noch schneller und besser als Sie denken. Das Leben macht Ihnen wieder so richtigen Spaß, es wird harmonischer und glücklicher.
Kopfstehend: Sie dürften getrost etwas mehr Mut zu Träumereien und zur gesunden Sentimentalität entwickeln, sonst wird Ihr Leben zu nüchtern und zu trocken. Erschaffen Sie sich neue Wünsche.

XVIII Der Mond

Der Mond, das Symbol für die Seele, läßt sich durch das Bellen der Hunde nicht stören. Er verkörpert hier die Nacht und die Mächte der Finsternis. Bleiben Sie vorsichtig, aber gelassen.

Richtig: Lassen Sie den Verstand ein wenig beiseite und richten Sie sich lieber nach Ihrer Intuition. Haben Sie Feinde? Bleiben Sie wachsam! Gehen Sie Problemen auf den Grund.
Kopfstehend: Vorsicht vor Selbstbetrug! Auf die Täuschung kann nur allzu rasch die Enttäuschung folgen. Ihre Unbeständigkeit macht Sie in den Augen anderer nicht sonderlich berechenbar. Sie müssen auf Ihre Partner zugehen. Hüten Sie sich vor groben Fehlern.

XIX Die Sonne

Das Kind auf dem Schimmel freut sich über den strahlenden Sonnenschein. Die Sonne bringt Glück, Erfüllung und Erfolg, sie verkörpert den Tag und die Macht des Lichts.

Richtig: Sie haben sonnige Zeiten vor sich: Glück in der Liebe, im Beruf, im Alltag. Bei schöpferischer Tätigkeit ist Ihnen der Erfolg gewiß. Sie haben jetzt einen guten Blick für die schönen Seiten des Lebens. Genießen Sie sie unbeschwert und tanken Sie die Kraft der Sonne.
Kopfstehend: Es geht zwar nicht alles so glatt, wie Sie es gerne hätten, aber große Probleme oder Hindernisse sind nicht in Sicht. Setzen Sie Ihre Gaben sinnvoll ein und profitieren Sie davon.

XX Gericht

Der Racheengel bläst in die Trompete, die Verstorbenen erheben sich aus den Gräbern in Erwartung des letzten, endgültigen Gerichts.

Richtig: Sie haben das Jahr der großen Entscheidungen vor sich. Und sie kann Ihnen niemand abnehmen. Gut möglich, daß sich in den nächsten Monaten Ihr Leben grundlegend verändert. Selbstverständlich zum Guten hin! Eine längst beendete Partnerschaft kann plötzlich wieder zu neuem Leben erwachen.
Kopfstehend: Sie dürfen nicht gegen den Strom schwimmen, überall Anstoß nehmen und gegen Tatsachen aufbegehren, sonst stellen Sie sich sehr schnell ins Abseits. Akzeptieren Sie Neues! Es könnte zu Trennungen kommen! Wehren Sie den Anfängen!

XXI Die Welt

Die Welt wird symbolisiert von einer im Siegerkranz tanzenden jungen Frau. Das ist eine der besten Karten im Tarot.

Richtig: Die Welt liegt Ihnen zu Füßen, der Erfolg ist Ihnen sicher. Das Ziel Ihrer Wünsche ist erreicht. Ein Ortswechsel ist möglich. Die Liebe wird ganz großgeschrieben. So ausgestattet können Sie mit Kraft, Zuversicht und Selbstvertrauen in die Zukunft sehen und neue Ziele anpeilen.
Kopfstehend: Sie dürfen nicht stagnieren. Schütteln Sie die Fesseln Ihrer selbstauferlegten Trägheit ab und wagen Sie neue Wege. Das wird Ihnen ganz neue Perspektiven eröffnen und Sie sehr »hungrig« auf die vor Ihnen liegende Zeit machen.

Kerzenmagie verstärkt die Gedanken

Ein einfaches, aber sehr wirkungsvolles Hilfsmittel, mit dem man sich selbst in eine leichte Trance versetzen, meditieren oder Konzentrationsübungen durchführen kann, sind Kerzen verschiedener Farben. Jede Farbe beinhaltet eine bestimmte Energie, eine Schwingung, die sich positiv, fördernd und verstärkend auf die Rituale auswirkt. Sie helfen uns, unsere Fähigkeiten und uns selbst tiefgründiger, vielschichtiger und damit besser kennenzulernen.

Sich selbst gut zu kennen ist eine Vorbedingung für alle Suchenden, das eigene Leben – und das der Mitmenschen – besser erfahren und mitgestalten zu können.

Kerzen verstärken die eigenen Gedanken und Gefühle, bringen Licht in unklare Träume und Gedanken.
Wichtig ist die Farbe der Kerze, denn jede Farbe hat ihre eigene Bedeutung, ihre eigene emotionale Kraft und Schwingung. Die eine Farbe stärkt, andere beruhigen, machen sanft, neutralisieren oder helfen, sich selbst zu finden. Ich rate Ihnen, immer einige Kerzen in den wichtigsten Farben daheim zu haben.

Die Bedeutung der Kerzenfarben

Jede Kerzenfarbe hat eine ganz bestimmte Bedeutung, eine eigene Schwingung. Verwenden Sie auf keinen Fall schwarze Kerzen. Schwarz verstärkt zwar die Energien, kehrt sie aber ins Negative um. Tragen Sie bei Ihrem Kerzenritual niemals schwarze Kleidung. Sie hemmen dadurch den positiven Fluß Ihrer Eingebungen und blockieren Ihr Innerstes. Bewahren Sie die magischen Kerzen immer im gleichen Behältnis auf, das niemandem außer Ihnen selbst zugänglich ist. Durch die Berührung eines anderen Menschen schwächt sich die positive Energie ab, oder sie wird sogar völlig neutralisiert, mit der Folge, daß jedes Ritual wirkungslos bleibt.

Rote Kerzen verwende ich immer, wenn es mir an Energie fehlt, wenn ich müde oder erschöpft bin und mich positiv aufbauen möchte. Auch bei Liebesangelegenheiten, Krisen in der Partnerschaft oder bei bevorstehenden Trennungen sind sie sehr hilfreich.

Auch wenn Sie mit Kerzen einen netten Abend im gemütlichen Kreis erhellen, setzen sie ihre magische Wirkung ein.

Blaue Kerzen setze ich ein, wenn seelische Probleme einer Klärung bedürfen oder Ängste überwunden werden sollen. Es genügt, wenn Sie beim Ritual positive Energien aussenden. Die rechten Ergebnisse werden sich einstellen.

Grüne Kerzen helfen bei finanziellen Schwierigkeiten, geben Klarheit für wichtige Entscheidungen, lösen unentwirrbar scheinende seelische Knoten auf und stärken das Selbstbewußtsein.

Goldene Kerzen weisen den Weg zum Glück, sie halten Unglück fern und helfen Ihnen Unabänderliches leichter bewältigen. Wünsche können sich erfüllen, wenn sie Ihren Lebenszielen entsprechen.

Silberne Kerzen lassen Selbsttäuschungen erkennen und beseitigen sie. Ein Mangel an Selbstvertrauen kann ins Positive umgekehrt werden.

Weiße Kerzen dämpfen die Ungeduld. Sie helfen, die innere Antriebskraft zu verstärken und durchlebte Erfahrungen für sich und andere richtig umzusetzen.

Orange Kerzen verringern Sorgen und Schwierigkeiten und lassen Sie geistig-seelisch erwachen.

Gelbe Kerzen heben Furchtgefühle auf, erzeugen oder fördern Gelassenheit und geben klar zu erkennen, daß auch Fehlschläge große Chancen für einen Neubeginn in sich bergen können.

Meditation mit Kerzen

Sprechen Sie mit keinem Menschen über das, was Sie tun. Es macht die geistige Energie wirkungslos und hebt alles auf, was Sie erreichen möchten.

Wählen Sie für Ihre Kerzenmeditation eine Zeit, in der Sie ganz entspannt und ruhig sind. Es ist vorteilhaft, das Kerzenritual immer am gleichen Platz durchzuführen. Setzen Sie sich so an den Tisch, daß Sie nach Osten gewandt sind, dorthin, wo die Sonne aufgeht. Die ersten Tage nach dem Neumond eignen sich am besten, denn in dieser Zeit sind Ihre seelischen Kräfte am stärksten, Ihre Intuition ist besonders ausgeprägt, Ihre Wahrnehmung sehr klar.

Das Kerzenritual mit einem Gegenstand

Der Kerzenaltar, der Platz, an dem Sie das Ritual immer durchführen wollen, sollte folgendermaßen gestaltet sein: Zwischen zwei Kerzen plazieren Sie eine kreisrunde Unterlage, am besten aus grauem Filz. Darauf legen Sie – je nachdem, welches Ziel das Ritual haben soll – einen Brief des Partners oder des Menschen, dem Sie helfen möchten. Ein Foto, eine Haarlocke oder ein persönlicher Gegenstand leisten ebenfalls gute Dienste. Sie verstärken die geistige Arbeit und helfen Ihnen, Ihre Gedanken präzise auf das von Ihnen erwünschte Ziel zu konzentrieren.

Nehmen Sie vor dem Ritual die Kerzen, die Sie verwenden möchten, in die Hände, lassen Sie für kurze Zeit die Farben auf sich einwirken, nehmen Sie sie in sich auf, dann schließen Sie die Augen. Lassen Sie nun Ihre innersten Gefühle in sich aufsteigen, ohne sie zu werten oder festzuhalten. Dabei richten Sie Ihre Gedanken auf den Wunsch, den Sie erfüllt haben möchten, oder auf die Angelegenheit, die Ihnen am Herzen liegt.

Dann lösen Sie sich wieder aus diesem Schwingungsfeld heraus, stellen die Kerzen vor sich auf und zünden sie an. Legen Sie Ihre mit magnetisiertem Wasser (s. S. 43) gereinigten Hände dazwischen und richten Sie Ihre gesamte Konzentration auf Ihr Anliegen.

Umkreisen Sie das Problem, das Sie beschäftigt, die Person, die Sie erreichen oder der Sie helfen wollen, senden Sie Ihre geistig-seelischen Kräfte aus und stellen Sie sich dabei vor, wie Ihre positiven Energien in das kosmische Kraftfeld, das uns alle umgibt und erfüllt, einfließen. Denken Sie nicht daran, ob es nun wirkt oder ob Sie durch das Ritual überhaupt etwas erreichen können. Schalten Sie alle Selbstzweifel aus. Je intensiver Ihnen das gelingt, desto rascher werden sich die von Ihnen angestrebten Ergebnisse gestalten und realisieren. Das geschieht vielleicht nicht immer in der von Ihnen erhofften und gewünschten Weise, doch Sie können sicher sein, daß Ihnen – oder der Person, der Sie beistehen möchten – das Allerbeste und Förderlichste zufließen und gegeben wird.

Das Kerzenlicht erhellt nicht nur die Räume, in denen wir sind, sie erfüllen auch unser Herz mit Wärme und Geborgenheit.

Gedanken, Eingebungen und Inspiration, die während des Rituals von Ihnen Besitz ergreifen oder Sie durchfließen, sind Botschaften aus den höheren Ebenen Ihres Seins. Es kann geschehen, daß Ihr Begreifen, Ihre Wahrnehmung weit über die Begrenztheiten Ihrer Körperlichkeit hinausgeht. Fragen Sie sich nicht, warum und weshalb, nehmen Sie dieses wunderbare Geschenk an. Es ist, wie es eine Weise Frau einmal formulierte, das schweigende Sprechen der Schöpfung.

Das Schicksal aus der Hand lesen

Unsere Handlinien verraten nicht nur den Charakter, sondern auch Überraschendes aus der Vergangenheit und der Zukunft. Jeder Mensch besitzt seine eigenen, unverwechselbaren Handlinien. Auf der ganzen Welt gibt es keine zwei Hände, deren Linien sich gleichen. Selbst unsere beiden Hände weisen nicht die gleichen Linien auf. Handlinien sind so unterschiedlich wie Fingerabdrücke.

Die Handlinien

Aussagefähig in bezug auf die Handlinien ist in erster Linie die linke, herznahe Hand. Die Betrachtung der Hand gibt bereits einen ersten Eindruck über den Charakter eines Menschen. Handlinien können sich verändern, und das zeigt, daß das Schicksal nicht unabänderlich ist.

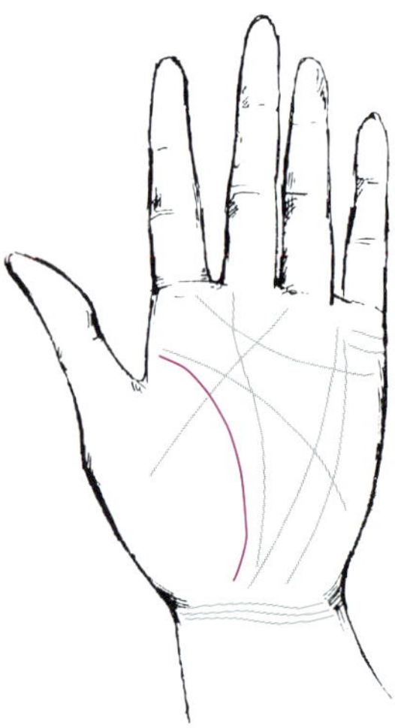

Die Lebenslinie

Sie fängt zwischen Daumen und Zeigefinger an, schwingt sich in unterschiedlichen Bögen um den Handballen herum zur Handwurzel.

- Eine lange, gut ausgeprägte Lebenslinie spricht für Glück, starke Vitalität und ausgezeichnete Gesundheit.
- Eine lange, dünne Lebenslinie bedeutet Ausgeglichenheit, Ruhe, langes Leben, aber wenig Vitalität.
- Eine kurze, tief ausgeprägte Lebenslinie steht für große Vitalität und Zielstrebigkeit.

- Eine kurze Lebenslinie und wenig andere Linien in der Hand sprechen für ein reibungsloses, aber auch ereignisloses Leben.
- Wird die Lebenslinie von Parallellinien begleitet, ist dies ein Glückszeichen für sehr gute Aussichten und großen Erfolg im Leben.
- Läuft sie ins Handgelenk, wird man außergewöhnlich lang leben und ein aktives Alter genießen können.
- Aktiv und erfolgreich, verbunden mit viel Reisen, wird ein Leben verlaufen, wenn die Lebenslinie zum Mondberg läuft.

Die Kopflinie

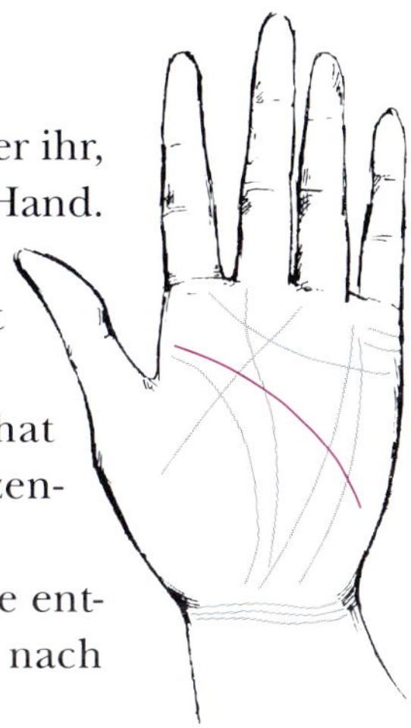

Sie beginnt in der Nähe der Lebenslinie, meist etwas über ihr, unterhalb des Zeigefingers, und verläuft quer durch die Hand.

- Ist diese Linie lang und nach unten gebogen, spricht dies für große Kreativität.
- Ist die Kopflinie kurz und nach oben gebogen, hat der Besitzer zu viele Ideen und kann sich nicht konzentrieren.
- Wenn sich die Kopflinie sehr stark von der Lebenslinie entfernt, deutet das auf Risikobereitschaft und Streben nach Unabhängigkeit hin.
- Ist sie mit der Lebenslinie verbunden, fordert man das Glück nicht heraus und ist eine vorsichtige Natur.
- Ein sehr gutes Zeichen ist es, wenn die Kopflinie direkt unterhalb des Zeigefingers beginnt, klar und kräftig ist. Dies spricht für Entschlußkraft und Mut.
- Verläuft die Kopflinie tief unten in der Hand, ist man optimistisch.
- Liegt sie sehr hoch oben, nahe bei der Herzlinie, wird der Verstand sehr stark vom Herzen beeinflußt.

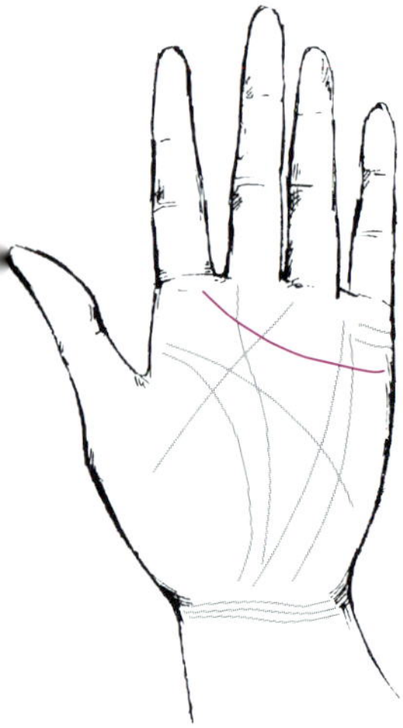

Die Herzlinie

Die Herzlinie ist die oberste Querlinie in der Hand. Sie spricht über Leidenschaft und Emotionen. Sie ist für partnerschaftliche Beziehungen, Treue und Sexualität zuständig.

- Das Fehlen der Herzlinie verrät, daß Gefühlen wenig Wert beigemessen wird.
- Die lange, kräftige Herzlinie zeigt Leidenschaft, die Freude am Verlieben, aber auch Ehrlichkeit und Gerechtigkeit.
- Eine sehr kurze Herzlinie steht für Oberflächlichkeit, Mißtrauen und Eifersucht.
- Verläuft die Herzlinie über die ganze Hand und schwingt nach oben aus, kann man viel Glück in der Liebe haben. Sinn für Humor und eine idealistische Einstellung sind vorhanden.
- Endet die Herzlinie unter dem Mittelfinger, deutet das auf wenig Sympathie für das andere Geschlecht hin, es zeigt Introvertiertheit und kleinliche Eifersucht.
- Verläuft sie parallel zur Kopflinie, sollte man mit Geschäften vorsichtig sein und den zu starken Egoismus dämpfen.
- Entfernt sie sich stark von der Kopflinie, deutet das auf übergroße Leidenschaft und Triebfähigkeit hin.
- Ist die Herzlinie mit einem Stern unter dem Zeigefinger verbunden, spricht das für Glück in Liebe und Ehe.
- Ist sie an vielen Stellen unterbrochen, hat ihr Besitzer eine oder mehrere große Enttäuschungen in der Liebe hinter sich.

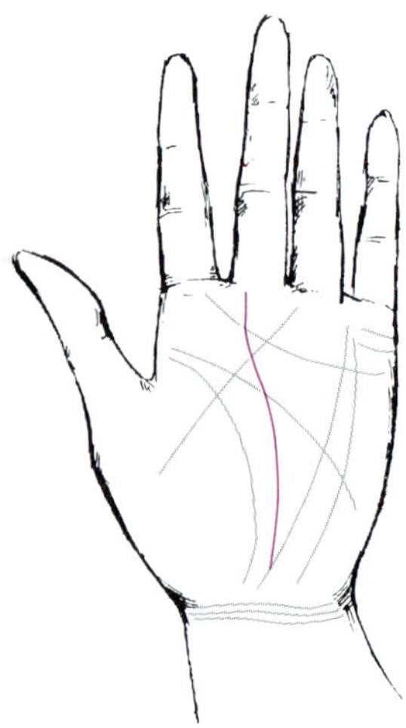

Die Schicksalslinie

Sie verläuft senkrecht vom Ringfinger zur Handwurzel.

- Ist sie klar und nicht unterbrochen, kann sich ihr Träger hoher Widerstandskraft gegen Krankheiten erfreuen. Er ist gegen Verletzungen und Unfälle weitgehend gefeit.

- Verzweigt sich die Schicksalslinie abwärts hin zum Handgelenk, lernt man zwar sehr spät seine große Liebe kennen, die dafür um so größer und glücklicher ist.
- Läuft sie in die Lebenslinie hinein, ist Erfolg nur härtester Arbeit, vielen Entbehrungen und großen Anstrengungen zu verdanken.
- Wird sie von kurzen Parallellinien begleitet, wird der Erfolg im Leben ständig durch ungünstige Einflüsse des Schicksals beeinträchtigt.

Die Ehelinien

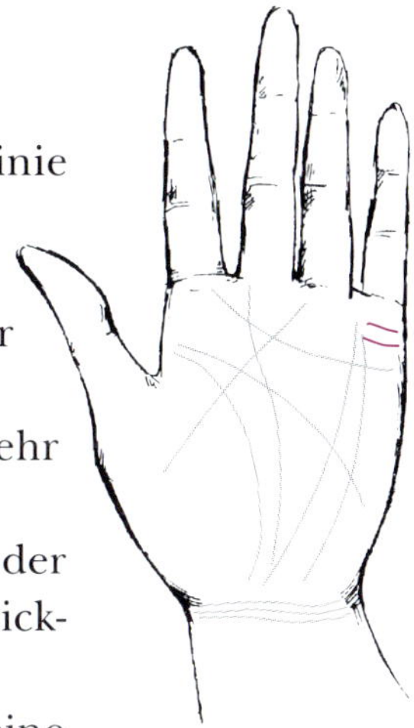

Sie befinden sich an der Handkante zwischen der Herzlinie und dem kleinen Finger.

- Eine klare Linie bedeutet eine tiefe Bindung, Ehe oder Partnerschaft.
- Je mehr Linien Sie auf Ihrer Handkante sehen, desto mehr Partnerschaften werden Sie in Ihrem Leben haben.
- Ein untrügliches Zeichen für die Ehe ist das große M in der Hand, das aus Lebenslinie, Kopflinie, Herzlinie und Schicksalslinie gebildet werden kann.
- Ist das M (Mariage = Heirat)ausgeprägt, bedeutet das eine positive Einstellung zur Ehe und zur Partnerschaft.

Die Geldlinien

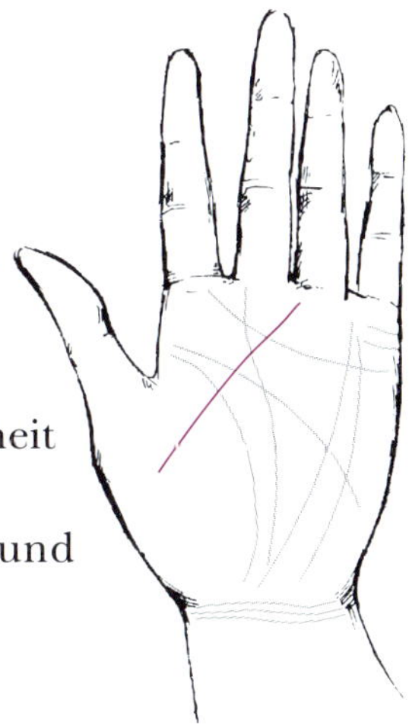

Die Finanzen verlaufen als kurze Linien unterhalb des Ringfingers, manchmal schräg, meist jedoch senkrecht.

- Ist die Finanzlinie klar und tief, zeigt das finanzielle Sicherheit und Unabhängigkeit an.
- Mehrere Finanzlinien deuten auf Geldsorgen und Aufregungen hin.

- Schneidet sich die Finanzlinie bei einer Frau mit der Herzlinie, wird die Frau wohl selbst für ihren Unterhalt sorgen müssen.
- Verzweigt sie sich aufwärts in viele Seitenlinien, wie die Zweige eines Baumes, ist ein anhaltendes finanzielles Wachstum zu erwarten.

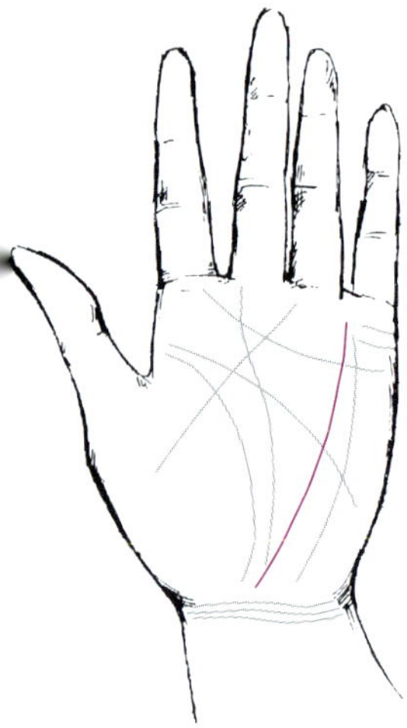

Die Gesundheitslinie

Sie verläuft schräg abwärts vom kleinen Finger zum Handgelenk und kann mit der Lebenslinie verbunden sein.

- Wenn sie gerade und gut ausgeprägt ist, kann die Gesundheit hervorragend sein. Dies gilt auch, wenn diese Linie überhaupt nicht in der Hand zu finden ist.
- Flattert sie und bildet Wellen, weist dies auf nervliche Probleme oder Verdauungsschwierigkeiten hin.
  Ergänzend zu dieser Linie sagt das Gesundheitsarmband an der Handgelenkwurzel noch viel mehr aus.
- Ist das Armband gerade um das Gelenk laufend, ist der Träger sehr nervenstark.
- Schlingt es sich dagegen in einem Bogen um die Hand, zeigt das große Nervosität an.

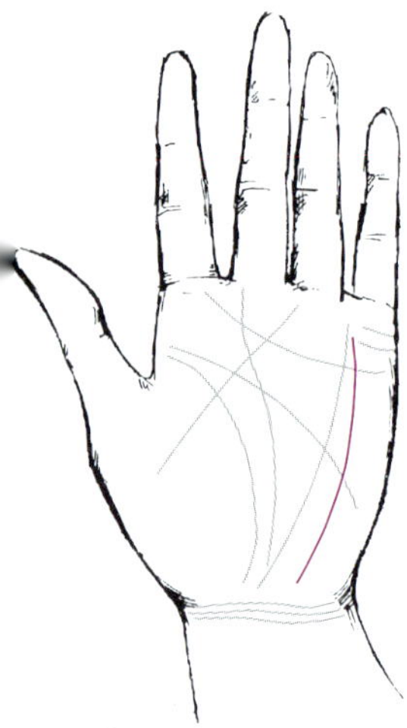

Die Erfolgslinie

Sie fängt zwischen Ringfinger und kleinem Finger an und läuft gegen das Handgelenk.

- Ist sie nur schwach zu erkennen, spricht das nicht für eine Karriere.
- Ist sie ein oder mehrmals unterbrochen, wird man den Beruf wechseln.
- Findet man zwei parallele Karrierelinien, spricht das für großen Ehrgeiz.

Die Berge in der Hand

Wie die Handlinien, so haben auch die Berge der Hand ihre charakteristische Bedeutung.

Die sieben Handberge wurden jeweils nach den in der Antike bekannten Planeten benannt. Somit bildet die Hand ein kosmisches Spiegelbild, in dem die Finger, die Erhebungen und Vertiefungen den verschiedenen Sternen zugeordnet sind.

- ❖ Der Zeigefinger und der darunter liegende Ballen zeigen die Grundposition zum Glücksplaneten Jupiter auf.
- ❖ Der Mittelfinger – er steht für den Schicksalsstern Saturn – zeigt an, wie sehr das Leben von ihm beherrscht oder freigegeben wird.
- ❖ Der Ringfinger spiegelt die Bedeutung der Lebenskraft Sonne für das eigene Leben und für künstlerische und persönliche Qualität wider.
- ❖ Der geschäftstüchtige Merkur beherrscht den kleinen Finger. An ihm kann man seine Fähigkeit und sein Talent im Umgang mit Geld, Vermögen und Finanzen ablesen.
- ❖ Der Daumen, von Venus dominiert, läßt Sinnlichkeit und Vitalität erkennen.
- ❖ Der kämpferische Mars ist in der Mitte der Handkante, unter dem kleinen Finger angesiedelt und zeigt die eigene Durchsetzungskraft auf.
- ❖ Der Handballen am Handgelenk unterhalb der Handkante wurde dem Mond zugeordnet. Ist dieser Teil der Hand kräftig oder verkümmert, läßt es einen phantasievollen oder sehr nüchternen Menschen erkennen.

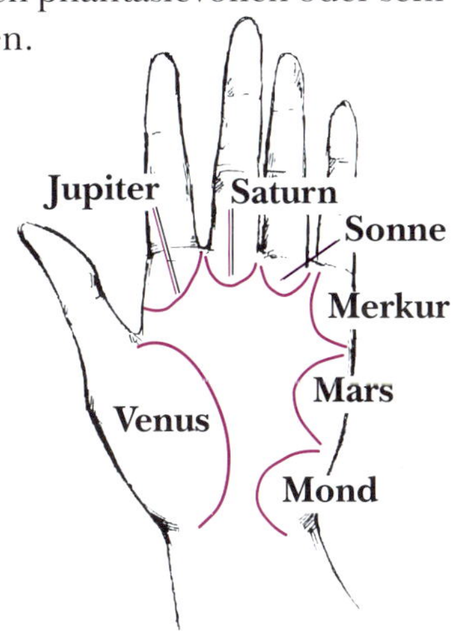

Amulette, Glücksbringer, Talismane

Amulette werden in fast allen Kulturen verwendet, um das Böse abzuwehren und sich, seine Familie und sein Eigentum zu schützen.

Seit Jahrtausenden gibt es Amulette und Talismane, mit deren Hilfe man es vermag, die Ereignisse im Leben positiv für sich zu beeinflussen. In der Vergangenheit waren sie Schutz-, Heil-, Abwehr- und Erfolgsmittel. Jedoch auch in der heutigen Zeit vertrauen viele Menschen auf solche Glücksbringer, wie beispielsweise die Autofahrer, deren »Maskottchen« lustig hinten oder vorne im Wagen baumelt. Amulette wehren böse Kräfte und negative Einflüsse ab, schützen vor krankmachenden Flüchen und Beschwörungen. Talismane ziehen Gutes an, sie fördern und verstärken die seelische Energie, begünstigen Talente und Fähigkeiten, erhöhen die Ausstrahlung und die persönliche Anziehungskraft. Ein Talisman vervielfacht die Glaubenskraft und ermöglicht dadurch den gewünschten Erfolg. Jeder Mensch sehnt sich nach Liebe und Geborgenheit, nach einem Menschen, der ihn versteht und so annimmt, wie er im Grunde seines Herzens ist. Doch nicht jeder besitzt den Mut dazu, den ersehnten, begehrten oder geliebten Menschen anzusprechen und sich ihm zu offenbaren.

In alten Kulturen verwendete man Talismane und Amulette, einerseits um das Glück an sich zu ziehen, andererseits um gegen böse Flüche und Verwünschungen, gegen Unglück, Krankheit und Not geschützt und gefeit zu sein.

Die Wirkung eines Talismans oder Amuletts ist um so stärker, je näher es am bloßen Körper getragen wird.

Besonders für Menschen, die sich in die gefährliche Welt des Übernatürlichen oder in die Welt der Geister begeben, sind Amulette und Talismane unverzichtbar, um sich vor den übermächtigen Einflüssen, die einem in diesen Welten entgegenschlagen, zu schützen.

Das Abracadabra-Amulett

Die Buchstaben werden waagrecht auf ein Papier oder auf ein Metallplättchen geschrieben. Darunter kommt das gleiche Wort, nur um einen Buchstaben kürzer. Dies geschieht so lange, bis nur noch ein Buchstabe übrigbleibt. Auf diese Weise entsteht ein auf der Spitze stehendes Dreieck. Dieses Amulett wird um den Hals getragen. Es schützt vor Krankheit, bösem Blick und Vergiftungen.

A B R A C A D A B R A 1
A B R A C A D A B R 2
A B R A C A D A B 3
A B R A C A D A 4
A B R A C A D 5
A B R A C A 6
A B R A C 7
A B R A 8
A B R 9
A B 10
A 11

Tippen Sie blind auf einen Buchstaben. Dieser Buchstabe und die Nummer der Reihe, in der er sich befindet, geben Ihnen Antwort auf Ihre Frage. Ein »R« ist nicht aussagekräftig. Falls Sie also auf ein »R« treffen, wiederholen Sie Ihren Tip einfach noch mal.

Das Wort »Abracadabra« ist ein aus dem Arabischen kommender, uralter Zauberspruch der moslemischen Magier und Alchimisten. Aus der oben angeführten Anordnung läßt sich das Wort 1024mal herauslesen, wenn man alle möglichen Kombinationen auch um Ecken herum wahrnimmt. Man beginnt mit einem beliebigen linken A und schreitet bis zum A in der rechten oberen Ecke fort.

Wenn Sie eine Frage in bezug auf Ihr Liebesleben haben, können Sie das »Abracadabra« beschwören, etwa wenn Sie wissen möchten, wie es um Ihr Glück bestellt ist.

Auswertung des Abracadabra

Was sagt Ihnen das Abracadabra? Hier finden Sie die Auflösung und Bedeutung.

A:

1: Nach kurzer Zeit kommt das Glück.
2: Nicht zuviel erhoffen.
3: Nicht mehr länger zögern!
4: Nicht auf falsche Versprechungen hereinfallen!
5: Glauben Sie das, was man Ihnen sagt.
6: Lassen Sie sich nicht entmutigen!
7: Geben Sie nicht nach!
8: Nehmen Sie sich Bedenkzeit.
9: Überwinden Sie Ihre Skepsis.
10: Nein!
11: Geben Sie nicht auf!

B:

1: Geben Sie ihr/ihm noch 14 Tage.
2: Es wird nichts daraus werden!
3: Sie haben einen Fehler gemacht!
4: Versuchen Sie, Verbindung aufzunehmen.
5: Ziehen Sie sich zurück, Sie können davon nur profitieren.
6: Es hat einen Zweck.
7: Warum grübeln Sie soviel, handeln Sie!
8: Gefühle können auch trügen!
9: Warum soviel Aufhebens machen, wenn es einfacher geht!
10: Lassen Sie sich nichts einreden!
11: Geben Sie es zu: Sie haben es schon immer gewußt!

C:

1: Die Voraussetzungen sind da.
2: Die Wende kommt plötzlich.
3: Ja, es gibt keinen Zweifel.
4: Es wird alles ganz anders, aber bestimmt nicht schlechter.
5: Es gibt jemand, der Ihnen diese Frage beantworten kann.
6: Es könnte sich alles über Nacht ändern.

7: Sie können sich fest darauf verlassen.
8: Sie verfolgen falsche Ziele.
9: Setzen Sie Ihr Glück nicht aufs Spiel!
10: Gehen Sie nicht zu verkrampft vor.
11: Überlassen Sie es dem Zufall! Nicht zu sehr forcieren!

D:

1: Ein winziges Fragezeichen wird immer bleiben.
2: Es wird sehr lebhaft auf und ab gehen.
3: Es ist möglich, aber nur, wenn Sie sich in Geduld üben.
4: Nehmen Sie nicht alles so schwer, das bekommt Ihnen nicht.
5: Das hängt davon ab, wie Sie ein Verhalten für sich bewerten.
6: Suchen Sie die Schuld nicht immer nur bei sich!
7: Ihr Mißtrauen ist unbegründet!
8: Wenn ja, dann sind Sie selbst daran schuld.
9: Im Moment nicht, denn es würde Ihre Liebe zerstören.
10: Jemand hat Sie in sein Herz geschlossen.
11: Sie werden erhalten, was Sie sich erhoffen.

Symbole als Talismane und Amulette

Durch alle Zeiten und in allen Kulturen benutzte man Amulette zum Schutz vor bösen Mächten oder um das Glück herbeizurufen oder festzuhalten.

Abraxas-Amulett

Das Amulett wirkt sehr gut gegen böse Einflüsse und bringt seinem rechtmaßigen Besitzer Glück und Erfolg. Es hat meist die Form eines Hahnes, mit dem Hals eines Vogels und der Gestalt eines Kriegers. Aus dem Saum des Gewandes winden sich Schlangenfüße.

Amulette wehren üble Einflüsse ab und schützen, Talismane verstärken das Gute und Positive

Alraune

Die Alraune (Mandragora) ist ein Nachtschattengewächs und gehört zur selben Pflanzengruppe wie die Tollkirsche, der Stechapfel und das Bilsenkraut. Sie hat die Form eines kleinen Menschleins. Durch den Verzehr der Wurzel oder das Trinken des Suds erhielt man Zugang zur Welt der Geister. Um sie zu ernten, wurde ein Seidenband um ihren Stiel gebunden, an dem ein Hund sie aus der Erde ziehen mußte. Der Ton, den die Mandragora-Pflanze dabei ausstieß, tötete jedes Lebewesen in ihrer Nähe. Also versteckte man sich irgendwo, hielt sich die Ohren zu und wartete, bis der Hund die Wurzel herausgezogen hatte und dann daran starb. Deshalb wurde jede Wurzel mit Gold aufgewogen.

Anker

Glücksbringer für alle, die mit der Seefahrt oder überhaupt mit Wasser zu tun haben. Er ist ein Sinnbild der Beständigkeit und der Treue. Früher war er ein beliebter Talisman von Matrosen. Er stellte eine mentale Verbindung her zwischen dem Seemann und seiner Frau zu Hause. Heute gilt er als Symbol der Hoffnung, der Rückkehr von einer langen Fahrt über die Meere der Welt.

Apfel

Er gilt als Sinnbild der Jugend, der Fruchtbarkeit, der Lebenskraft und der Unsterblichkeit. Wer ihn trägt, bleibt von Krankheit, fiebrigen Anfällen, Alpträumen und Mattigkeit frei.

Blatt

Die Kraft der Natur wird durch ein Blatt symbolisiert. Tragen Sie es, wenn Sie sich müde, kraftlos und deprimiert fühlen.

Brennessel

Ein Pflanzenamulett aus Brennessel (auch Donnernessel oder Saunessel genannt) verleiht Kraft, stärkt den Körper, hilft gegen innere Unruhe und Liebeskummer.

Christophorus

Ein beliebter »moderner« Talisman, der vor allem von Autofahrern als Schutz gegen Unfälle getragen oder im Wagen befestigt wird. Der Heilige wurde dadurch bekannt, daß Königin Margherita von Italien ihn bei einem schweren Verkehrsunfall trug und danach völlig unverletzt aus dem Wagen stieg. Der Heilige ist einer der 14 Nothelfer. Wer in früheren Zeiten in einer Kirche vor seinem Bild betete, wußte, daß er an diesem Tag nicht sterben würde.

Delphin

Der Delphin, der große Menschenfreund, ist sowohl Amulett als auch Talisman. Beide wirken bei Liebeskummer, bei Entfremdungen und tragen dazu bei, gute Freunde zu gewinnen. Er steht für Mut und Charakterstärke. In früheren Zeiten geleitete er die Seelen der Verstorbenen sicher auf seinem Rücken ins Reich der Toten.

Drei Affen

Einer hört nichts, einer sieht nichts, der dritte schweigt. Ein Amulett, das zur Vorsicht und Zurückhaltung mahnt. Es schützt vor dem bösen Blick. Die Darstellung mit den drei Affen dämmt Gerüchte ein, die über einen selbst kursieren und dem eigenen Ansehen oder dem guten Ruf schaden.

Elefant

Mit einem Elefanten-Talisman, am besten aus Silber gefertigt, lassen sich viele schier unüberwindliche Hindernisse umgehen oder meistern.

Eule

Wer vor einer schwierigen Prüfung steht oder eine wichtige Entscheidung fällen muß, der braucht einen Eulen-Talisman. Die Eule gilt als Vogel der Weisheit, aber auch der Schalkhaftigkeit. Sie bestärkt und unterstützt jeden, der aufrichtig und intensiv nach Wissen sucht. Da sie in der Nacht sieht, ist sie auch ein Symbol der die Dunkelheit des Nichtwissens durchdringenden Weisheit. Sie symbolisiert kluges Handeln.

Fisch

Der Fisch verkörpert göttliche wie dämonische Kräfte und spielt als Liebespfand eine Rolle. Er ist das Symbol der Fruchtbarkeit wie des Todes. Der Fisch ist Amulett und Talisman zugleich. Er festigt die Liebe und bringt der Partnerschaft viel Glück.

Gewürznelke

Dieses Pflanzenamulett stärkt die Abwehr gegen Beschwörungen, Flüche und Verwünschungen. Außerdem hilft es, immer die richtigen Entscheidungen zu treffen.

Hand

Als Sinnbild für Aktivität und Macht weist die Hand auf Glück und Reichtum hin. Aber sie ist seit alters her auch ein wesentliches Symbol des geschlossenen Ehebundes und des institutionalisierten Rechts.

Harlekin

Dieses Amulett macht fröhlich und läßt Freunde gewinnen. Ist es aus Metall hergestellt, beruhigt es das Nervenkostüm. Ein hölzerner Harlekin fördert Eigenschaften wie Sanftheit und Toleranz.

Herz

Das Herz ist Sitz der Liebe, der Weisheit und der Intuition. Als Amulett wehrt es Krankheit ab und ist Unterpfand der irdischen und himmlischen Liebe. Es gibt Kraft, Stärke, Lebensenergie, es vertreibt Depressionen und Ermüdung.

Hufeisen

Nur ein Hufeisen, das man selbst findet, bringt einem Glück und wehrt Unheil ab. Am besten wird es dann über der Haustür oder über dem Wohnungseingang angebracht. Es muß mit der Öffnung nach unten hängen, damit das Glück herauslaufen kann und sich auf den Finder überträgt. Das Hufeisen macht optimistisch und stark.

Igel

In China und Japan als Symbol des Reichtums anerkannt, gilt er bei uns als Bekämpfer des Bösen. Wer sich seinem Träger in böser Absicht nähert, sieht sein übles Ansinnen bald durchkreuzt.

Kamm

Eines der ältesten Amulette, das als Symbol für die Liebesgöttin Venus steht. Als Sinnbild für Fruchtbarkeit macht er beliebt und zieht gleichgesinnte Menschen an.

Kleeblatt, vierblättrig

Vierblättrige Kleeblätter sind selten und bringen dem, der sie selbst findet, Glück. Besonders begünstigt sind die Liebenden.

Komet

Ein Amulett, das Unglück, Feuer, Krankheit, Siechtum und Leid fernhält. Es wirkt gegen Depression und Niedergeschlagenheit.

Kreuz

Das T-Kreuz hält alle Übel fern, schützt vor Feuer und Brandschaden sowie vor bösen Geistern. Das Kreuz war schon lange vor dem Christentum bei vielen Völkern bekannt.

Löwe

Das Symboltier mit sonnenhafter Bedeutung und engem Bezug zum Licht bietet als wichtige Eigenschaften vor allem Mut und den Willen zur Macht. Er ist Sinnbild für Gerechtigkeit, Kraft und Unnahbarkeit. Der König der Wüste verleiht Mut und Kraft und gibt Schutz vor der Umwelt, vor Feinden und Intriganten.

Marienkäfer

Marienkäfer sind Glückszeichen für alle Unternehmungen, die mit Menschen und deren Nöten zu tun haben. Sie helfen, die richtige Entscheidung zu fällen und falsche Wege zu erkennen.

Muschel

Sie macht fruchtbar und stärkt die körperliche und seelische Energie. Als Amulett wehrt sie Anfechtungen, Ränke und Hinterlist von ihrem Träger ab.

Panther

Der Panther gilt als Symbol der Sinnlichkeit und Retter des Menschen vor dem Bösen. Er verleiht als Talisman schnellen Verstand, physische Kraft und seelische Stärke.

Schildkröte

Sie ist das Symbol der Unsterblichkeit, die Mittlerin zwischen Himmel und Erde. Sie verhilft zur Konzentration und Meditation und steht dem Träger bei allen geistigen Arbeiten bei.

Schlange

Ein Schlangen-Amulett wehrt das Böse ab, es behütet und warnt zugleich. In vorchristlicher Zeit hielt man Schlangen für helfende Schutzgeister, für das Symbol der Ewigkeit. Die Schlange ist aber auch ein Talisman für Gesundheit und ein langes Leben. Sie schützt vor Falschheit, Intrigen, Hinterlist und Betrug. Als Sinnbild der Ewigkeit und des ewigen Lebens steht sie für Kraft, Dynamik, Energie und Triebhaftigkeit.

Schlüssel

Schlüssel waren einst ein Symbol für Macht und Autorität. Wer die »Schlüsselgewalt« innehatte, dem mußte Respekt gezollt werden. Ein Schlüssel, als Amulett getragen, öffnet die Tür zur Liebe, läßt Verborgenes und Rätselhaftes erkennen und hilft, Falschheit und unehrliches Verhalten zu durchschauen.

Schwein

Das Schwein, in Mitteleuropa Symbol der Unreinlichkeit, war in vielen alten Kulturen Sinnbild der Fruchtbarkeit und des

Wohlstandes: Wer ein Schwein besaß, konnte es in der Zeit der Not schlachten und hatte damit eben Glück. Ein Schweineohr bringt Glück beim Kartenspiel. Im chinesischen Horoskop ist das Schwein das letzte der zwölf Tierkreiszeichen. Ein solches Amulett verhalf zu männlicher Stärke und zu Wohlhabenheit. Großes Glückssymbol! Seinem Träger hilft es, sich – bei entsprechendem Wollen – seelisch zu bereichern und sich eine große geistige Potenz zu schaffen. Es bringt Glück im Spiel, aber nur, wenn es dabei ehrlich zugeht.

Siegel Salomons

Der unter diesem Namen bekannte Talisman ist ein uraltes Symbol und war in vielen Religionen schon sehr lange vor Salomons Zeit bekannt. Es schützt vor Gefahren auf Reisen und begünstigt schwierige Verhandlungen.

Skarabäus

Wie der Marienkäfer ist der Skarabäus, der heilige Käfer der Ägypter, ein Heilszeichen und Glücksbringer, ein Amulett, das vor Krankheiten bewahrt und besondere Kräfte verleiht. Er ist auch Symbol der Auferstehung und der Sonne, der ewigen Erneuerung, er gibt Einsicht in verborgene Dinge, schärft den Verstand und macht hellsichtig.

Sonnen- oder Mondsiegel

Sonne und Mond symbolisieren das Universum, die gesamte Schöpfung im Weltall. Ein Sonnensiegel stärkt die Lebenskraft, verhilft zu Gesundheit, Erfolg und Glück, behütet und schützt. Die Sonne ist Symbol der Lebenskraft. Sie stärkt Körper und Seele, macht innerlich frei und löst selbstauferlegte Beschränkungen auf. Sie beruhigt die Nerven und schützt vor allen

Widrigkeiten, die mißgünstigen Menschen oder boshaften Neider einfallen könnten. Ein Mondsiegel stärkt die Sensibilität und die Anpassungsfähigkeit und wehrt bösen Zauber ab.

Taube

Sie ist das Symbol für die Hoffnung und für den unerschütterlichen Glauben, daß sich das Gute durchsetzen wird, aber auch für den Geist, der über allem schwebt. Sie verleiht dem Träger die Gabe, sich mit Feinden und Widersachern zu versöhnen und Frieden zu schließen.

Weidenrinde

Ein Weidenrinden-Amulett schützt vor Alpträumen, verjagt Nachtgespenster und ermöglicht einen ruhigen und erholsamen Schlaf.

Würfel

Ein Würfel verheißt Glück im Lotto oder Toto, Gewinne durch lukrative Geschäfte, unverhoffte Erbschaften oder stattliche Einnahmen durch die Verwertung und den Verkauf von Ideen und Einfällen. Er ist Sinnbild für Gewinn und Glück, Symbol des Soliden, Festen und Unveränderlichen.

Zähne

Zähne von Raubtieren waren bei den frühen Jagdvölkern sehr begehrte Amulette. Aber auch in unseren Tagen gelten Bären-, Löwen- oder Haizähne noch immer als Symbole der Kraft und Vitalität, der Zeugung und der Potenz. Sie verheißen Kraft und geben Mut und unerschütterliche Zuversicht.

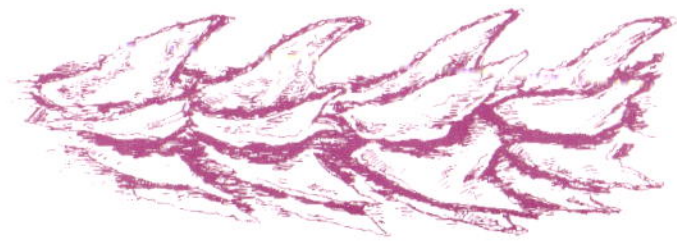

Magische Kräuter, Speisen und Getränke

Den Weisen Frauen und den großen Eingeweihten aller Kulturkreise war der Zusammenhang zwischen einer Steigerung sexueller Energien und der geistigen Entwicklung sehr wohl bekannt. Sie empfahlen bestimmte Kräuter mit aphrodisischer Wirkung, mit denen das gesamte menschliche Energiepotential erhöht werden konnte. Die Pflanzen sollten aber nicht nur die sexuelle Lust steigern, sondern auch den Geist beflügeln und so neue, bislang unbekannte Dimensionen des Bewußtseins erschließen.

Tinkturen, Tees, gewürzter Wein 86
Speisen zur Steigerung der Liebeskraft 92
Schönheitspulver und -elixiere 100

Tinkturen, Tees, gewürzter Wein

Körper und Seele müssen harmonisch zusammenspielen und sich gegenseitig ergänzen. Dabei helfen Ihnen die Meditation sowie gezielte Atem- und Entspannungsübungen.

Wenn Sie sich einen schönen Abend gestalten, wenn Sie Sehnsucht nach Ihrem Partner haben, ihn lieben wollen oder von ihm geliebt werden möchten, liegt es nicht nur an den äußeren Vorbereitungen für Essen oder Trinken. Sie müssen auch innerlich bereit sein, Liebe auszustrahlen. Das erfordert nicht viel Zeit, keinen großen Aufwand und kann Ihrer beiderseitigen Liebe nur förderlich sein. Richten Sie auf alle Speisen, alle Zutaten Ihre positiven Gedanken, gehen Sie also sehr »liebevoll« an die Zubereitung heran. Denn Gedanken sind reine Energie, die positive oder negative Auswirkungen haben können. Ein Gericht, mit Liebe gestaltet und serviert, wird Liebe hervorrufen. Eine Speise, die man lustlos herrichtet, wird nicht ankommen. Auch hier ist – wie bei allem – das Wort Liebe der Schlüssel. Ich wünsche Ihnen von ganzem Herzen für alles, was Sie aufrichtigen Herzens und beseelt von liebevollen Gefühlen kreieren und servieren, einen guten Appetit.

Wie man das Liebesfeuer wieder entfachen kann

Die von mir ausgewählten Gerichte und langjährig erprobten Rezepte unterstützen die Liebeskraft in großem Maße. Wunder bewirken können sie allerdings nicht. Beim Nachlassen der Liebeskraft müssen auch die äußeren Ursachen berücksichtigt werden. Wer ständig unter Hochdruck steht, kann nicht erwarten, daß der häufige Genuß von Krabben oder Kräutern nun alles richtet und das Liebesfeuer wie aus heiterem Himmel plötzlich wieder lichterloh entflammt.

Baldrian erneuert die Liebesfähigkeit

Trübsinn, Verzweiflung und Lebensangst verjagt die »Katzenminze«, der Baldrian. Er gilt als mächtiges Aphrodisiakum und »steigert die Sehkraft« für viele Dinge, die man ansonsten gern übersieht.

1 Baldrianwurzel,
1/4 l Weißwein, 1/4 l Wasser

❖

Die Baldrianwurzel waschen und putzen. Weißwein erhitzen und die Wurzel im ganzen weich kochen. Die Mischung erkalten lassen, in eine Pipette füllen und in die Augen tropfen. Das verleiht ein »klares Gesicht«.

Starker Baldriantee erneuert auch das »innere Feuer« und stärkt den menschlichen Körper.

Sellerie steigert die Potenz

Große Anstrengungen im Beruf, geistige Überanstrengung, Erschöpfung, Sorge um die Gesundheit, Angst vor dem Älterwerden und Streß können das natürliche Verlangen und die Potenz herabsetzen. Hier ist z.B. Sellerie ein bewährtes Hilfsmittel.

5 Stangen Sellerie,
ca. 1 l süßer Weißwein

❖

Den Sellerie putzen, in Stangen teilen, das Grün entfernen, waschen und in feine Streifen schneiden. Mit dem Wein in einen Topf geben. Bei kleiner Hitze 15 Minuten erwärmen. Den Ansatz abseihen, die Flüssigkeit in eine Flasche geben und eine Woche lang an einen warmen Ort oder ins Sonnenlicht stellen.
Davon trinkt man täglich ein großes Glas vor den Mahlzeiten.

Schon Calypso soll Sellerie für ihren Zaubertrank benutzt haben, mit dem sie die Männer des Odysseus liebestoll machte; das berichtet jedenfalls Homer.

Nach kurzer Zeit wird man feststellen, daß Ärger, Angst und Sorge von einem abfallen und wie heiter man geworden ist.
Zudem wirkt Sellerie durch seinen hohen Gehalt an ätherischen Ölen kreislaufbelebend und appetitanregend. Sein hoher Gehalt an Vitaminen ist der Gesundheit sehr förderlich. Die vielen Mineralstoffe (Phosphor, Kalium, Kalzium, Natrium) im Sellerie beeinflussen den Gehirnstoffwechsel positiv.

Kirschkerne

Ein Extrakt aus Kirschkernen ist besonders geeignet, Spannungen abzubauen und die sexuellen Kräfte anzuregen.

Die Kirsche stammt ursprünglich aus Kleinasien. Von den Römern entdeckt, wurde sie von Lukullus nach Rom gebracht.

20 Kirschkerne,
120 g Weingeist

❖

Die Kirschkerne werden zerquetscht und mit dem Weingeist übergossen.
Einige Wochen stehenlassen und abseihen.
Täglich morgens und abends einen Teelöffel davon einnehmen.

Bohnenkraut stärkt die Manneskraft

Bohnenkraut hilft vor allem Männern, die sich schwertun, ihre Tatkraft und innere Sexualität zu gestalten. Es paßt sehr gut zu den Menschen, die Schwierigkeiten haben, ihre sexuelle Seite zu entwickeln und vor allem auch zu erleben.

Wer Bohnenkraut gut verträgt, der kann es im Sommer frisch zum Würzen von Gemüse oder Salaten verwenden. Im Winter empfiehlt sich Bohnenkrauttee vor den Mahlzeiten.

1 EL Bohnenkraut, 1/2 l kochendes Wasser

❖

Für eine Tasse Bohnenkrauttee das zerkleinerte Bohnenkraut mit kochendem Wasser aufgießen und 10-15 Minuten ziehen lassen.
Trinken Sie nicht mehr als drei Tassen pro Tag.

Rosmarintinktur fördert das Liebesleben

Während Bohnenkraut eher für das männliche Geschlecht geeignet ist, hat Rosmarin vor allem Einfluß auf den weiblichen Körper. Er verstärkt die Durchblutung des Unterleibes und fördert das Gefühlsleben und das körperliche Empfinden.
Rosmarintinktur erhalten Sie in der Apotheke. Achten Sie auf die Dosierungsanleitung der Herstellerfirma, die auf dem Beipackzettel angegeben ist, oder lassen Sie sich von Ihrem Apotheker über die für Ihre Bedürfnisse geeignete Anwendungsdosis beraten.
Rosmarin kann bewirken, daß die Frau den Höhepunkt körperlichen Erlebens leichter und intensiver erfährt. Während einer Schwangerschaft darf Rosmarintinktur keinesfalls unverdünnt eingenommen werden, bei Bluthochdruck ist ganz davon abzuraten.

Für das allgemeine Wohlbefinden

Häufig ist es nötig, das Wohlbefinden zu steigern, um Kraft für den Alltag zu finden und die Gelassenheit zurückzuerlangen.

Knoblauch stärkt die Gelassenheit

1 l süßer Weißwein,
5 Knoblauchzehen

❖

Den Wein erwärmen, er darf aber nicht kochen.
Die Knoblauchzehen schälen, in ganz kleine Stückchen schneiden und in den Wein geben.
Den Ansatz in eine Flasche füllen und eine Woche lang in die Nähe einer Wärmequelle oder auf die Fensterbank ins Sonnenlicht stellen.
Dann die Flüssigkeit abseihen. Täglich ein Likörgläschen trinken. Das macht friedfertig, gelassen und belastbar.

Petersilie ist nicht nur eine hervorragende Speisezutat, sie ist auch ein gutes Mittel, um innere Zerrissenheit zu neutralisieren und in der Folge inneren Frieden zu schaffen.

Petersilie gibt inneren Frieden

Man nimmt frische, großblättrige Petersilie, schneidet die Blätter in kleine Streifen und belegt damit ein trockenes Brot. Zwei Scheiben davon jeden Tag gegessen, zeigen schon nach einigen Wochen eine sehr positive Wirkung.

Petersilie ist nicht nur ein hervorragendes Gewürz, sie kann auch die körperliche Spannkraft auf natürliche Weise erhöhen. Versuchen Sie folgendes Rezept:

Petersilie festigt die innere Haltung und hilft, dem Partner nicht schroff zu begegnen.

Mischen Sie Petersilie feingehackt unter geschnetzelte Möhren. Davon essen Sie über mehrere Wochen jeden Abend zwei Eßlöffel voll.

Jungbrunnen Artischocke

Als Artischockenbitter, Preßsaft oder Gemüse genossen, gilt diese Distel als Jungbrunnen. Sie regt die Nieren- und Leberfunktion an, beugt der Gelbsucht vor, bekämpft die Gicht, entgiftet den Körper und steigert bei Männern die Potenz.

6 Artischockenherzen,
1 Tomate, 1 grüne Paprikaschote,
für die Marinade: 3 EL Distelöl,
2 El Apfelessig oder Zitrone, 1 Knoblauchzehe,
1 Bund Petersilie, Salz, grüner Pfeffer, Zucker

❖

Die Artischockenherzen in feine Streifen schneiden und kochen. Dazu gibt man kleingewürfelt die Tomate und die Paprikaschote. Die Zutaten für die Marinade gründlich durchmischen. Das Gemüse in die fertige Marinade geben und zwei Stunden lang ziehen lassen.

Der gute-Laune-Extrakt

Trinken Sie morgens auf nüchternen Magen einen Teelöffel reines Olivenöl, vermischt mit etwas Zitronensaft. Essen Sie schnell ein Stück gezuckerte Zitrone hinterher – das mildert den intensiven Geschmack des Olivenöls. Das Olivenöl stimuliert Gallenblase und Leber, es erzeugt für den ganzen Tag und die darauffolgende Nacht gute Laune und großes, anhaltendes Wohlbehagen.

Speisen zur Steigerung der Liebeskraft

Die Heilkraft natürlich angebauter Pflanzen ist sehr groß. In Verbindung mit Suppen und Speisen kann ihre fördernde Wirkung auf das Liebesleben verstärkt werden. Die Liebe erhält wieder neuen Schwung.
Ich stelle hier Rezepte vor, die in jedem Haushalt – auch von Singles – zubereitet werden können.

Eine gemeinsam genossene Suppe, liebevoll zubereitet und angerichtet, leitet einen gemeinsamen Abend harmonisch ein.

Liebe(s-Suppe) geht durch den Magen

Suppen wärmen den Magen, ohne ihn zu belasten – ein idealer Auftakt zu einem liebevollen Abend, an dem Sie Ihrem Partner näherkommen. Genießen Sie die gemeinsamen Stunden.

Diese keltische Kraftsuppe erregt

1-2 Tassen sehr konzentrierte Kraftbrühe,
1-2 Tassen Selleriestreifen mit feingehackten Blättern,
1 TL Sahne

Die sehr konzentrierte Kraftbrühe aufkochen. Die Selleriestreifen mit den feingehackten Blättern hinzufügen und ca. acht Minuten ohne Deckel kochen lassen.
Die Suppe durch ein Sieb passieren, dabei den Sellerie gut ausdrücken.
Die Sahne unterrühren und die Suppe sofort servieren. Diese sehr erregende Speise regt sicherlich Ihren Appetit an – nicht nur auf einen weiteren Teller Suppe.

Selleriesuppe bringt die Liebe auf Trab

1 Sellerieknolle,
2 EL Butter, 1,5 l Fleischbouillon,
2 Eigelbe, 6 EL Sahne,
1 Prise Muskatnuß, Salz, Pfeffer

❖

Den Sellerie schälen und würfeln.
Die Butter bei schwacher Hitze zergehen lassen und den Sellerie darin andünsten.
Die kräftige Fleischbouillon zugießen und mit Salz, Pfeffer und Muskatnuß abschmecken. 20-30 Minuten köcheln lassen.
Vom Herd nehmen. Die Eigelbe mit Sahne verquirlen und die Suppe damit binden. Sie darf jetzt nicht mehr kochen.
Sie werden es erleben. Diese Suppe stellt die hervorragenden Eigenschaften der Sellerieknolle als Aphrodisiakum noch deutlicher in den Vordergrund.

Diese wohlschmeckende Suppe ist leicht und ein guter Auftakt zu einer Mahlzeit. Lassen Sie sich von der Wirkung des Sellerie beflügeln.

Konzentrierte Bohnensuppe

400 g dicke Bohnen,
1 l Fleischbrühe,
5 EL Reis,
1 EL geriebener Parmesan,
1 Msp. Safran,
Bohnenkraut

❖

Die Bohnen waschen, putzen, mit der Brühe und dem Safran in einen Topf geben und zum Kochen bringen. 20 Minuten köcheln lassen.
Eine Handvoll Bohnen zur Seite stellen. Den Rest der Bohnen mit einem Mixer in der Brühe fein pürieren.
Den Reis einstreuen und darin nicht zu weich kochen.
Die zurückgehaltenen Bohnen zugeben und die Suppe mit Parmesan und Bohnenkraut servieren.

Mandelsuppe zur Versöhnung

300 g Mandeln,
2 hartgekochte Eigelbe,
1/2 l Hühnerbrühe,
1/2 l Milch,
100 g Sahne,
geröstete Mandelblättchen

❖

Diese köstliche Mandelsuppe versöhnt und verbindet. Sie hat die Kraft, Liebe neu entstehen zu lassen.

Die Mandeln waschen und schälen, mit dem Mixer fein zerkleinern. Das Mandelpulver mit den beiden hartgekochten Eigelben zu einer feinen Paste verrühren.
Nach und nach die Hühnerbrühe und die Milch zugeben. Gut umrühren.
Unter ständigem Umrühren bei schwacher Hitze 15 Minuten garen. Die Suppe darf nicht gerinnen. Heiß servieren.

Liebesgerichte für Zwei

Durch die Wahl nicht alltäglicher Zutaten können Sie dazu beitragen, eine besondere Stimmung zu schaffen, die ein erotisches Knistern zwischen Ihnen und Ihrem Partner ermöglicht.

Aus einer gemeinsamen Schüssel zu essen oder aus demselben Becher zu trinken, ist in vielen Kulturen äußeres Zeichen für die eheliche Verbindung zweier Liebenden.

Krebse für Geniesser

2 mittelgroße Zwiebeln,
3 Möhren,
2 EL Butter,
300 g Krebsfleisch,
etwas Petersilie
und Thymian,
je 1 Prise Zimt und Muskatnuß,
2 Prisen Paprika,
1/2 Flasche trockener Champagner

❖

Die Zwiebeln und Möhren schälen. Die Zwiebeln fein würfeln, die Möhren raspeln.
Die Butter erhitzen und Zwiebeln, Möhren, Petersilie und Thymian darin dünsten.
Das Krebsfleisch grob hacken, zu den Möhren und Zwiebeln geben und alles mit Zimt, Muskat und Paprika würzen.
Den Champagner zugießen und langsam erhitzen, er darf aber nicht kochen. Sofort servieren.

Genießen Sie den restlichen Champagner zu dieser außergewöhnlichen Suppe.

Schmeckt köstlich und regt die Sinne an.

Die Ginestrata eröffnet neue Perspektiven

6 Eier, 0,1 l Madeira,
0,2 l Hühnerbrühe,
1/2 Tl Zimt, 1 EL Butter,
einige Tropfen Sherry,
1 Msp. Zimt,
brauner Zucker

❖

Trinken Sie die Ginestrata, solange sie warm ist, und Sie werden sich wundern...

Schlagen Sie die Eier in ein großes Glas.
Geben Sie den Madeira, die Brühe und den Zimt zu und verrühren Sie alles gut.
Seihen Sie das Ganze durch und bringen Sie es bei schwacher Hitze in einem feuerfesten Glasgefäß zum Kochen.
Fügen Sie die Butter hinzu und rühren Sie immer wieder um.
Nach etwa zehnminütigem Köcheln auf kleinem Feuer füllen Sie die Ginestrata in vorgewärmte Tassen, die Sie mit ein wenig Sherry angefeuchtet haben.
Bestäuben Sie den Liebestrank mit geriebener Muskatnuß und braunem Zucker.

Pistaziencreme bringt Feuer ins Blut

500 g Pistazien,
1 EL Cognac,
2 Eigelbe,
1/2 l Sahne

❖

Die Pistazien knacken und im Mixer mit einem Löffel Cognac ganz fein zerkleinern.
Die Eigelbe schaumig schlagen und mit der Sahne unter die Pistazien rühren. Langsam erhitzen und etwas einkochen lassen. Aufkochen vermeiden.
Danach in eine tiefe Schüssel füllen, die Creme erkalten lassen und mit einigen Pistazienhälften servieren.

Nelkensirup hilft bei Potenzstörungen

250 g frische rote Nelken,
250 g Zucker, 1 Tasse Wasser

❖

Die roten Blütenblätter der Nelken sorgfältig waschen, abzupfen und kleinhacken.
Aus Wasser und Zucker einen heißen Sirup bereiten, die zerkleinerten Nelken hinzugeben und so lange bei geringer Hitze köcheln lassen, bis sie zerfallen. Gut umrühren und in kleine Tassen gießen. Dieser Sirup ist besonders für Menschen mit Potenzstörungen geeignet.

Zauber- und Liebestränke

Die hier aufgeführten Zauber- und Liebestränke sorgen für Ihre Entspannung und Aufgeschlossenheit.

Zauber- und Liebestränke sind klassische Mittel, mit denen in vielen Kulturen versucht wird, das Glück in der Liebe zu fördern.

Enzianwein belebt

30 g Enzianwurzel,
1,5 l Champagner, 0,7 l schwerer Rotwein

❖

Enzianwurzel reiben und 24 Stunden in dem Champagner einweichen. In eine große Flasche füllen.

Den Rotwein zugießen, die Flasche verschließen und acht Tage der Sonne aussetzen.
Anschließend filtern und täglich ein Schnapsglas davon trinken. Ein ausgezeichnetes Belebungsmittel.

Kraft für die Liebe

Bananen und Ananas bringen Sie mit Vitaminen und Enzymen in Topform – auch ohne Alkohol.

100 ml Ananassaft, 200 ml Apfelsaft, 1 pürierte Banane, 1/2 Likörglas Pfefferminzlikör, Zitronensaft

❖

Alle Zutaten gut mischen und mit einem Strohhalm genüßlich schlürfen. Dieser Cocktail bringt Sie rasch auf Vordermann.

Lustfeuer

3 g Kaneelpulver,
8 g Nelken,
30 g Ingwerpulver,
8 g gemahlene Vanille,
1 Kilo feiner Zucker,
1 l nicht zu junger Burgunder

❖

Die Zutaten in einen Tontopf geben, mehrmals umrühren. Drei Stunden stehen lassen.
Vor dem Schlafengehen 1 bis 2 kleine Tassen trinken. Die Wirkung stellt sich augenblicklich ein.

Cayenne-Trunk gibt Kraft und Energie

1 l ungesüßter Traubensaft,
1/4 TL Cayennepfeffer

❖

Rühren Sie den Cayennepfeffer in den Traubensaft, und genießen Sie das belebende Getränk gut gekühlt.

Feuer der Liebe

2 l Gin, 1/4 l Zuckersirup,
250 g Sellerie, 20 g Fenchel,
einige Tropfen Kaneelöl,
15 Tropfen Gartenkümmelbeerenöl

❖

Den Gin mit dem Zuckersirup mischen. Sellerie und Fenchel zugeben und drei Tage ziehen lassen.
Durchseihen und einige Tropfen Kaneelöl sowie das Gartenkümmelbeerenöl hinzugeben.
Die Mischung wird in eine Glaskaraffe gegossen und muß sich an einem warmen Platz nochmal einen Tag lang setzen.
Ein Schnapsgläschen jeden Morgen vor dem Frühstück eingenommen, läßt selbst die verhärtesten Herzen schmelzen.

Après l'Amour

1/4 l Maraschino, 1 Eigelb,
1/4 l Sahne, 1/4 l Cognac,
einige Tropfen Selleriesaft

❖

Maraschino, Eigelb, Sahne und Cognac werden in einen großen Cognacschwenker gegeben. Rühren Sie diese Mischung nicht um. Geben Sie jetzt noch einige Tropfen ausgequetschten Selleriesaftes vom Knollensellerie hinzu. Trinken Sie je nach Bedarf ein kleines Schnapsglas.

Vielleicht entdecken Sie mit der Zeit auch andere Zauber- und Liebestränke, die ihnen guttun und die gewünschte Wirkung erzielen.

Schönheitspulver und -elixiere

Aloeöl pflegt die Haut

Die natürlichen Bestandteile dieses Hautpflegemittels schützen die Haut und ziehen die Poren leicht zusammen, so daß die Haut nicht so rasch austrocknen kann. Außerdem wirkt das Öl heilend und beruhigend.
Das Avocadoöl ist ein klassisches Schönheitsmittel. Es ist reich an ungesättigten Fettsäuren, strafft die Haut, kräftigt sie, regt das Gewebe an und verleiht der Haut ein jugendliches Aussehen.

50 g Aloepulver,
40 ml destilliertes Wasser,
20 ml Rosenwasser,
10 g Honig,
100 ml Avocadoöl

Mein Tip: Stellen Sie beim ersten Versuch nur die Hälfte der angegebenen Menge her. Sie reicht für einige Zeit.

Rühren Sie das Aloepulver mit destilliertem Wasser an, wobei Sie aufpassen müssen, daß es nicht klumpt. Geben Sie das Rosenwasser hinzu.
Zuletzt erwärmen Sie im Wasserbad den Honig mit dem Avocadoöl und verrühren beides gut miteinander. Die Aloemischung zugeben und sorgfältig unterrühren.
Sie erhalten ein hellbraunes Öl mit dem typischen, etwas herben Aloeduft. Keine Sorge: Auf der Haut verflüchtigt er sich sehr rasch.
Tragen Sie dieses Öl ganz dünn auf. Sie werden bald verspüren, wie die Haut warm wird. Das Blut fließt durch die Zellen, und die Haut strafft sich.

Das Aloeöl eignet sich hervorragend gegen Hautunreinheiten. Tupfen Sie einfach das Öl ganz dünn auf Pickel und Mitesser. Das Öl glättet Falten, z.B. unter den Augen und am Hals. Auch in diesem Fall reicht die sparsame Anwendung. Unvergleichlich wirkt Aloeöl auch bei der Pflege der Handrücken: Jeden Abend leicht eincremen. Das bewahrt vor Warzen und bleicht Altersflecken.

Wenn Sie Ihre Schönheitsmittel und Kosmetika selbst herstellen, haben Sie eine bessere Kontrolle über die Qualität der Zutaten.

Bereiten Sie das Aloeöl alle 14 Tage frisch zu, weil es sich nur begrenzt hält. Am besten bewahren Sie es in einer geschlossenen Flasche im Kühlschrank auf.

Parfüm, das die Seele aufhellt

Dieses Parfüm, über Jahrtausende hinweg erprobt und nachgeahmt, ist nicht nur ein Kosmetikum mit »himmlischem Wohlgeruch«, sondern auch ein fantastisches »Aufhellungsmittel« für die Seele. Das Rezept hat den Vorteil, frei von Alkohol zu sein, und besitzt eine ganz eigene, dezente Note.
Besorgen Sie sich folgende Zutaten in der Apotheke:

100 g Iris florentina (Veilchenwurz),
25 g getrocknete Rosenblätter (rot),
25 g Nelken, 20 g Galgant, 15 g Calamus,
20 g Lavendel, 10 g trockenen Majoran,
6 g unbehandelte Orangenschalen, 3 g Zimt,
Extrakt aus Orangen-,
Zitronen- und Limonenblüten

❖

Die Zutaten werden fein pulverisiert und in einem Glasgefäß mit Rosenwasser angerührt. Dabei soll kein Brei, sondern eine sämige Flüssigkeit entstehen.
Geben Sie die Blütenessenzen hinzu und lassen Sie die Mischung einen Tag stehen. Am nächsten Tag stellt man das Glasgefäß in

einen großen Topf mit kochendem Wasser und kocht die Flüssigkeit im Glasgefäß unter ständigem Schütteln etwa eine Stunde ein.
Gießen Sie den Rest durch ein Leinentuch und pressen Sie den Satz gut aus. Sie erhalten eine noch etwas trübe Flüssigkeit, die Sie so lange filtern, bis sie wasserklar ist.
Bewahren Sie Ihr ganz persönliches Parfüm in einem Fläschchen mit dunklem Glas im Kühlschrank auf, damit es länger hält. Benutzen Sie das Parfüm vor allem abends vor dem Schlafengehen. Es gibt kaum ein wirksameres und angenehmeres Schlafmittel.

Mein Tip:
Nehmen Sie Ihr Lieblingsparfüm und gießen Sie davon etwa zehn Tropfen in Ihr Duftwasser. Dadurch wird Ihr Lieblingsparfüm nicht nur vermehrt, sondern auch verfeinert. Und es wird daraus ein sehr wirksames Nervenheilmittel, das merklich beruhigt und die Stimmung verbessert.

Das Gesichtswasser, das unwiderstehlich macht

Ein ganz besonderes Gesichtswasser für eine zarte Haut läßt sich aus einfachsten Mitteln selbst herstellen. Als Zutaten benötigen Sie:

1 kleine Salatgurke (oder die Hälfte einer großen), 100 ml Rosenwasser, 10 ml Zitronensaft

❖

Die Herstellung eigener Kosmetika macht Spaß. In vielen Läden gibt es inzwischen auch Utensilien , um sie schön abzufüllen.

Grüne Gurken werden geschält, gelbe können Sie mit der Schale verwenden.
Man reibt die Gurken auf der feinen Reibe des Gemüsehobels. Das Mus wird sehr fest durch ein Tuch gepreßt, das Gurkenwasser aufgefangen. Dann gibt man das Rosenwasser und den Zitronensaft hinzu. Am besten bringt man diese Zutaten in

einer Flasche zusammen. Denn jetzt muß alles gut miteinander vermischt werden. Schütteln Sie kräftig und wenigstens drei bis vier Minuten lang. Legen Sie eine kleine Pause ein und schütteln Sie noch einmal für eine Minute.

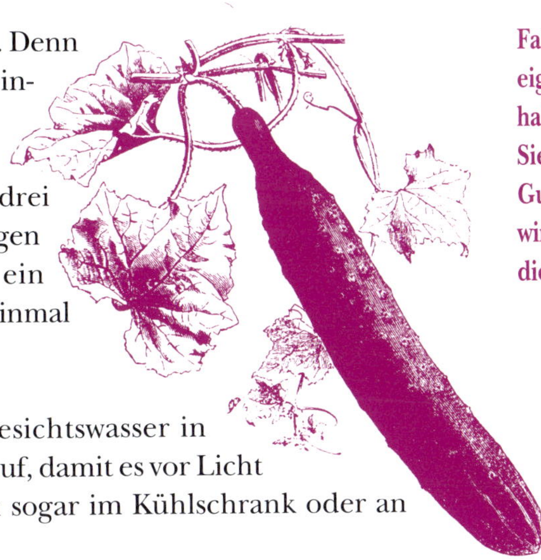

Falls Sie einen eigenen Garten haben, dann nehmen Sie gelbe, d.h. reife Gurken. Sie sind wirkungsvoller als die grünen.

Bewahren Sie dieses Gesichtswasser in einer getönten Flasche auf, damit es vor Licht geschützt ist, am besten sogar im Kühlschrank oder an einem kühlen Ort.
Einen Wattepad gut unter warmem Wasser ausdrücken, dann mit dem Gesichtswasser beträufeln. Gesicht und Hals sanft damit abreiben.

Das Massageöl für eine wunderschöne Brust

Für einen schönen und straffen Busen empfehle ich folgendes Rezept:

1/4 l Aprikosenkernöl,
1/4 l Mandelöl, 1/8 l Olivenöl,
2 El getrocknete (oder frische) Pfefferminzblüten,
1 El zerdrückte Lorbeerblätter,
1 El Rosmarinkraut,
1/2 El gelbes Sandelholzpulver

❖

Die Öle werden in eine Flasche aus hellem Glas gegeben, die sich gut verschließen läßt.
Schütteln Sie die Öle ein wenig, damit sie sich gut vermischen.

Dieses vorzügliche Körpermassageöl für den Busen können Sie auch für Bauch und Rücken benutzen, vor allem dort, wo sich Gewebeermüdungen zeigen.

Nun die Pfefferminzblüten, Lorbeerblätter, Rosmarinkraut und das Sandelholzpulver zugeben. Verschütteln Sie alle Zutaten miteinander – aber nicht zu heftig.
Gut verschließen und 14 Tage lang – besser noch drei Wochen – an einem kühlen Ort ziehen lassen. Seihen Sie dann die Kräutersubstanzen ab.
Ist der Duft für Ihren Geschmack noch etwas zu dünn, dann geben Sie noch einmal dieselbe Kräutermischung in das Öl und lassen es wieder ein paar Tage ziehen. Das Öl hinterher erneut abseihen.

Massieren Sie pro Brust 1/2 TL dieses duftenden Öls nach dem Duschen, nach einem Vollbad, nach dem Saunabesuch oder nach sportlicher Betätigung in ganz leichten, kreisenden Bewegungen in die Brüste. Nicht von oben nach unten drücken, sondern von unten nach oben streichen. Widmen Sie den Unterseiten der Brüste besondere Sorgfalt. Sie werden bald verspüren, wie sich die Haut strafft, wie zart und elastisch sie wird.

DIE LILIEN-SCHÖNHEITSCREME

2 getrocknete Lilienblüten, 1/2 Tasse Olivenöl,
2 EL Bienenhonig, 20 g weißes Wachs,
1/2 Tasse Orangenblütenwasser, 4 TL Lanolin

Die Lilienblüten werden in kleine Stückchen geschnitten und in einer großen Tasse mit dem Olivenöl übergossen. Zudecken und vier bis fünf Tage an einem warmen Ort stehenlassen. Danach gießen Sie das Öl durch ein Leinentuch. Die Blütenrückstände werden kräftig ausgepreßt.
Verrühren Sie das Öl mit dem Bienenhonig. Nicht erhitzen, höchstens ein klein wenig erwärmen!

In einem Kochtopf das Wachs mit dem Lanolin leicht erwärmen, bis das Wachs geschmolzen ist und sich mit dem Lanolin verbindet. Das Öl-Honig-Gemisch dazugeben und unterrühren. Zuletzt das Orangenblütenwasser auf die gleiche Temperatur wie das Gemisch erwärmen, zugeben und ebenfalls unterrühren. Nun müssen Sie nur noch so lange rühren, bis die Creme kalt und fest geworden ist und alle Flüssigkeit vollständig in sich aufgenommen hat.

Wie alle Naturrezepte, so ist auch Liliencreme nicht lange haltbar, weil Konservierungsmittel fehlen – und ganz bewußt weggelassen worden sind. Wenn Sie diese Creme ausprobieren wollen, sollten Sie sie daher nur in einer kleinen Menge herstellen, die ungefähr 14 Tage ausreicht.

Bewahren Sie die Liliencreme im Kühlschrank in einem verschlossenen Gefäß auf. Benutzen Sie die Creme am besten morgens nach dem Waschen. Verwenden Sie die Creme nicht nur im Gesicht, sondern auch im Dekolleté, auf den Handrücken und den Armen. Auch die Beine können Sie durchaus damit eincremen.

Diese Liliencreme hält die Haut feucht, weich, geschmeidig, schützt vor Sonnenschäden und damit vor Faltenbildung. Sie ist für trockene und nicht mehr ganz junge Haut besonders gut geeignet.

Honigmaske gegen unreine Haut

Cremes verderben übrigens nicht so schnell, wenn Sie sie nicht mit den Fingern sondern mit einem Spatel aus dem Tiegel entnehmen.

Honig besitzt alles, was Heilpflanzen anzubieten vermögen (in konzentrierter Form): Trauben- und Fruchtzucker, der besonders leicht vom Körper aufgenommen werden kann, wertvolle Vitamine, Enzyme und Ameisensäure, ätherische Öle, Duft- und Schleimstoffe, darüber hinaus auch noch eine Art Antibiotikum, ein natürliches Mittel gegen Krankheitserreger. Unreine Haut ist zumeist auch fettige Haut. Ein einfaches Rezept bringt Ihnen Linderung und macht Ihre Haut wieder jung und schön. Sie reinigt und heilt zugleich.

1 Eßlöffel Honig,
1 Eßlöffel Eiweiß

❖

Bereiten Sie alle Schönheitsrezepte in möglichst kleinen Mengen zu, damit sie immer frisch sind.

Die Zutaten werden geschlagen, bis sie schaumig sind. Mit einem Pad wird der Schaum auf Gesicht und Hals getupft. Der Schaum muß auf der Haut so lange einwirken, bis er getrocknet ist, dann mit lauwarmem Wasser abwaschen.

Die Schönheits-Honigseife

1 kleines Stück milde Toilettenseife,
50 g Bienenwachs,
1/2 Tasse Bienenhonig (Tannenhonig),
1/2 Tasse Erdnußöl,
ca. 2 l abgekochtes Wasser

❖

Die Seife schneidet man in kleine Stücke und schmilzt sie zusammen mit dem Bienenwachs im Wasserbad. Sind Wachs und Seife etwas abgekühlt, mengen Sie den Honig, das Öl und das Wasser bei. Dann gießen Sie die warme Honigseife auf eine gefettete Folie und lassen sie steif werden. Zum Gebrauch schneiden Sie die Masse in kleine Stücke, mit denen Sie Ihren Körper pflegen.

Die Kastanien-Gelatine zaubert eine wunderbare Haut

20 rohe Roßkastanien,
50 g Zinnkraut (Ackerschachtelhalm, frisch oder getrocknet),
1/2 l Wasser, 1/2 Tasse Rosenwasser,
20 g Gelatine, 10 g Agar-Agar

(das ist ein Pulver aus Algen,
das sich in kochendem Wasser auflöst,
stark aufquillt
und im Erkalten gallertartig erstarrt.
Sie bekommen es in der Apotheke
oder im Reformhaus)

❖

Die Roßkastanien kreuzförmig einritzen und im Ofen bei mittlerer Hitze 20-30 Minuten backen, bis sie aufplatzen. Schälen und durch die Mandelmühle drehen.

Die Ägypterinnen rührten Kastanienmehl mit Wasser an und fertigten aus dem Brei Gesichtsmasken, die ein vorzeitiges Altern der Haut verhindern sollten.

Zerkleinern Sie das Zinnkraut und geben Sie es mit dem Kastanienmehl in 1/2 l Wasser. Lassen Sie das Ganze bei geringer Hitze einige Male aufkochen. Der Absud muß erkalten und wird dann abgeseiht.
Die Gelatine und das Agar-Agar in die Hälfte des Rosenwassers einrühren und kurz quellen lassen. Die andere Hälfte des Rosenwassers erwärmen (es soll nicht kochen) und die Gelierflüssigkeit einrühren. Den Kastanienabsud erwärmen und unterrühren. Abkühlen lassen.

Auf diese Weise erhalten Sie ein relativ steifes Gel, das sich leicht in die Haut einmassieren läßt. Verwenden Sie es nach dem Baden und Duschen.
Die Kastanien-Gelatine ist nicht unbedingt geeignet für die Gesichtshaut oder sonstige empfindliche Hautpartien, da sie zu kräftig ist. Um so besser eignet sie sich für Unter- und Oberschenkel. Für schöne Beine massieren Sie das Gel vor dem Schlafengehen kräftig ein. Ebenfalls gut ist es für die Halspartie. Verwenden Sie es dort aber sehr sparsam und nur etwa zwei- bis dreimal in der Woche.

Bäder für die Stimmung

Ihre Haut wird wunderbar zart und rein, wenn Sie Ihr Badewasser mit den richtigen Zutaten versehen.

Honig-Badezusatz

- ❖ Erwärmen Sie einen Viertelliter Milch, und lösen Sie darin eine Tasse Honig auf. Diese Mischung geben Sie ins Badewasser.
- ❖ Die Honigmilch eignet sich auch zur Pflege der Gesichtshaut: Nehmen Sie ein Kosmetikpad, tupfen Sie damit die Honigmischung ins Gesicht, und lassen Sie sie drei Minuten einwirken. Anschließend waschen Sie die Honigmilch gründlich ab. Ihre Gesichtshaut wird rein, weich und frisch.

❖

Mit Düften und Kräutern läßt sich jedes Badezimmer in einen wohligen Entspannungsraum verwandeln. Mit den Blüten ausgewählter Pflanzen geht die Seele förmlich „baden". Gönnen Sie sich regelmäßig ein wohltuendes Bad, und erproben Sie einige der uralten Mixturen, die ich Ihnen wärmstens empfehlen kann. Die Zutaten, die Sie für die Herstellung dieser Badeessenzen benötigen, erhalten Sie im Reformhaus oder in der Apotheke.

Rose

Der Duft der Rose stabilisiert das innere Gleichgewicht bei Sorgen, Kummer oder Problemen. Er stimmt milde und versöhnlich bei Liebeskummer und wirkt neutral nach Auseinandersetzungen in der Partnerschaft. Lavendelblüten beruhigen die Nerven, machen fröhlich, bessern die Stimmung und verjagen Grimm und Unmut. Alternativ können Sie auch Lavendelöl verwenden.

Rosmarin

Ein Rosmarinbad hilft bei starker Übermüdung und Erschöpfung, es belebt ausgezeichnet und stärkt Herz und Kreislauf. Es eignet sich als erfrischender Start in den Tag und sollte abends nur angewendet werden, wenn Sie die Nacht zum Tage machen wollen. Das ätherische Öl des Rosmarins hilft, neuen Mut zu schöpfen, und beseitigt Verzagtheit. Es versöhnt mit sich selbst und seinem Schicksal.

Melisse, Baldrian und Flieder

Ein Melissebad entspannt und beruhigt den Körper und die Seele, mindert die Nervosität und hilft beim Einschlafen.
Ein Baldrianbad beruhigt und fördert einen guten Schlaf. Es nimmt die Unruhe und löst psychische Spannungen auf. Es ist besonders für abends geeignet.
Blühender Flieder im Badewasser lockert seelische Knoten, macht fröhlich und heiter. Er bringt einen dazu, leichtsinnig zu sein – leichtsinnig im positiven Sinne des Wortes, denn er ruft leichte, unbeschwerte, liebevolle Gedanken und Stimmungen hervor.

❖

Achten Sie bei jedem Bad darauf, nicht zu heißes Wasser zu verwenden, damit sich die Wirkstoffe der Kräuter und Pflanzen voll entfalten können. Zur Pflege der Haut können dem Badewasser auch einige Tropfen kaltgepreßten Olivenöls zugegeben werden. Es entspannt die Haut, macht sie sanft und geschmeidig. Auch aromatische Blüten und Pflanzen können verzaubern.

❖

Die meisten der hier empfohlenen Rezepte sind Jahrhunderte alt und bewährt, zum Teil aber auch unserer Zeit angepaßt. Probieren Sie aus, was Ihnen gut tut, was Ihre Persönlichkeit stärkt und Ihr Selbstbewußtsein erhöht.

Magisches Handeln und kosmische Energie

Die Magie zeigt Ihnen auf, welche Entscheidungen für Ihr Leben die richtigen sind. Der Mensch, der im Einklang mit der Natur und sich selbst ist, der die Kräfte des Mondes kennt und anzuwenden weiß, kann die Kräfte der Magie nutzen, um sein Leben positiv zu gestalten.

Zauberformeln für Liebe und Glück 112

Die geheimnisvolle Macht und Magie des Mondes 122

Im Einklang mit der Natur 130

Magische Stätten – Orte der Kraft 142

Zauberformeln für Liebe und Glück

Die Magie der Liebe ist eine gewaltige Kraft und eines der ganz großen Geheimnisse im menschlichen Leben. Sie hilft uns, die Bürde des Lebens zu tragen und zu bewältigen. Ich arbeite schon lange mit von mir entdeckten und weiterentwickelten Zauberformeln, die schon vielen meiner Klienten in partnerschaftlichen Krisen und Belangen helfen konnten.

Wer positive Energien aufbaut und sie auf sich und seine Umwelt richtet, dem wird es gelingen, in seinen Mitmenschen positive Empfindungen auszulösen.

Sie werden sich nun mit Recht fragen, ob es Zauberformeln für die Liebe überhaupt gibt. Existieren Formeln, die Liebe hervorrufen – oder vertiefen, sie festigen und beständig machen? Kann gerade die Liebe zwischen Partnern, die sich weder erzwingen noch künstlich herstellen läßt, die aus heiterem Himmel kommen kann, wie der Blitz einschlägt – und oft genauso rasch wieder verschwindet – durch Magie beeinflußt werden?

Nun ist Liebe nicht so einfach artikulierbar wie »Danke« oder »Bitte«. Andererseits ist es aber tatsächlich möglich, die Liebe, dieses unendliche, gewaltige, positive Gefühl, das dem Menschen naturgemäß gegeben ist, zu erwecken, zu beeinflussen und zur Blüte zu bringen. Doch das passiert nur dann, wenn man aufrichtig mit ihr umgeht. Man darf dabei aber keinem Menschen Schaden zufügen oder ihn zwingen wollen, etwas gegen seinen Willen zu tun. Das schlägt auf den Verursacher zurück.

Positive Gefühle aufbauen

Liebe ist eine Urschwingung der Lebensharmonie. Sie entsteht, wenn sich Schwingungen gleicher Intensität begegnen. Gleiches zieht Gleiches an, verstärkt sich und wird zu einer elementaren, alles überwindenden Kraft.

Ich weiß, daß es schon seit Jahrtausenden magische Formeln gibt, die sich durch ihre kraftvolle, positive Aussage und durch überzeugte Wiederholung mit positiver Energie aufladen und dadurch Geschehnisse hervorrufen und Situationen beeinflussen können.
Durch den richtigen Gebrauch der Zauber- und Liebesformeln ist es möglich, die Liebe förmlich »herbeizuschwören«.
Die von mir in vielen Hunderten von Fällen angewandten erfolgreichen Bejahungen und Formeln müssen natürlich für jeden Menschen ganz individuell eingesetzt werden. Beispielsweise ist die Rosen-Übung nur jenen zu empfehlen, die sich geistig sehr gut konzentrieren können, denen, die sich den geliebten Partner fast lebensgetreu vor ihrem inneren geistigen Auge vorstellen können.
Es wird nicht immer gelingen, den Partner oder die verehrte Person zu erreichen. Das kann an unguten Tageseinflüssen liegen, an einem falsch gewählten Zeitpunkt, an innerer Anspannung, manchmal auch am unbewußten Wissen, daß man den anderen nicht wirklich liebt, dies aber bewußt nicht wahrhaben will.

Verantwortlich handeln

Noch eins muß ich Ihnen sagen: Die von mir aufrichtigen Herzens empfohlenen Übungen sind keine schwarzmagischen Zaubermittel, mit denen es möglich ist, jeden Menschen, den man begehrt, »herumzukriegen« oder ihn gegen seinen Willen zu erobern. Das ist schlichtweg unmöglich. Ein Mensch kann nicht anderen Sinnes gemacht werden, wenn er sich in seinem Innern längst entschieden hat oder wenn er große Abneigungen gegen einen anderen Menschen hegt. Das könnte sehr gefährlich werden. Abneigung könnte sich in Haß verwandeln, der verstärkt in den Verursacher zurückfließt und damit viele positive seelische Regungen zum Verstummen bringt.

Zu einem verantwortungsbewußten Umgang mit Magie gehört die Einsicht, daß man andere nicht manipulieren darf.

Lassen Sie sich nicht entmutigen, wenn es mit den hier vorgeschlagenen Übungen beim ersten Mal nicht klappt. Diese Art von Konzentration braucht Geduld und Übung.

Das muß man sich vor jeder Übung fragen:

- Schade ich einem Menschen, wenn ich versuche, seine Liebe und Zuneigung zu erringen?
- Bin ich wirklich ganz aufrichtig dazu bereit, die Verantwortung dafür zu tragen, was aus meinem Tun resultiert?
- Will ich mit ihm spielen – oder ganz einfach nur Macht über ihn ausüben?

Dies sollte man sich immer vor Augen halten, wenn man eine der Übungen durchführen will. Schließlich haben wir nicht nur für uns Verantwortung zu tragen, sondern auch für andere. Wer allerdings aufrichtigen Herzens dem anderen, dem er sich nicht zu nahen traut, den er von seinen Gefühlen überzeugen will, seine Zuneigung »mitteilen« möchte, wer zu wissen glaubt, daß er gut »ankommt«, daß er im besten Sinne willkommen ist, darf die Übungen guten Gewissens annehmen und durchführen.

Die Rosen-Übung

Diese Übung eignet sich sehr gut für die geistige Kontaktaufnahme mit der geliebten Person, die man gewinnen oder an sich binden möchte. Wichtig dabei ist, daß Sie ganz ohne Zwang vorgehen, sich nicht unter Druck setzen und geistig und körperlich ganz locker bleiben.

- Wählen Sie einen Abend, an dem Sie möglichst wenig Ärger oder Tagesstreß hatten.
- Lassen Sie sich ein warmes Bad ein und geben Sie einige Tropfen Rosenöl ins Wasser.
- Richten Sie, während Sie in der Wanne liegen, Ihre Gedanken wohlwollend auf die Person Ihrer Zuneigung. Hilfreich ist es, wenn Sie sich im Geiste ein Bild von ihr machen können.
- Nach dem Bad hüllen Sie sich in lockere Kleidung und zünden ein Räucherstäbchen an.

- Legen Sie sich ganz entspannt auf den Rücken und atmen Sie dabei ruhig tief ein und aus, bis Ihr Körper gleichmäßig im Rhythmus Ihres Atems mitschwingt.
- Jetzt visualisieren Sie die von Ihnen auserwählte Person. Stellen Sie sich den Partner vor Ihrem geistigen Auge so lebendig wie möglich in seinem eigenen Lebensbereich vor.
- Ist Ihnen das gelungen, sprechen Sie mit ihr, unterhalten Sie sich über Ihre Wünsche, Ihre Hoffnungen, Ihre Gefühle. Erleben Sie dabei, wie Ihr Gesprächspartner antwortet, wie er auf Sie reagiert, welchen Gesichtsausdruck er hat.
- Dieses Bild halten Sie ganz ohne Zwang so lange fest, bis es sich von selbst auflöst. Lassen Sie es nun langsam verblassen, wenden Sie Ihre Achtsamkeit davon ab und stellen Sie sich jetzt eine blühende, kräftig rote, von frischen Tautropfen benetzte Rose vor.
- Lassen Sie sich für diese Übung viel Zeit, bis die Rose vor Ihrem geistigen Auge sichtbar ist und greifbar vor Ihnen steht.
- In der Mitte der Rosenblüte lassen Sie nun im Geiste den Kopf der von Ihnen favorisierten Person entstehen.
- Nach einigen Minuten sprechen Sie den Partner wieder, wenn möglich, mit einem Ihnen bekannten Kosenamen an. Flüstern Sie dabei leise, aber doch so, daß Sie sich selbst noch verstehen können, die Formel:

Ihr Wille, den anderen Menschen zu erreichen, muß ganz stark sein und darf nicht von anderen Gedanken gestört werden.

(Name...)
Ich liebe dich.
Ich denke an dich.
Ich bin fur dich du.
Ich gebe dir Kraft.
Ich bin für dich da.
Ich bin dir verbunden – wie du mir...

- Das wiederholen Sie einige Male, ganz ohne Zweifel, ohne Unsicherheit und im vollsten Bewußtsein, daß die von Ihnen erwählte Person diese Sendung innerlich empfangen und aufnehmen wird.

Mit der Zeit, wenn Sie mehr Erfahrung mit der Rosen-Übung haben, werden Sie feststellen, wie leicht es Ihnen fällt, sich Ihren Partner vorzustellen. Sie werden sehen, wie rasch Sie sein Gesicht vor Ihrem inneren Auge entstehen lassen können. Gebrauchen Sie die Zauberformel der Liebe immer wieder, aber nur in entspanntem Zustand, wenn Sie ausgeruht oder sehr zufrieden mit sich sind.

Durch den ständigen Gebrauch der Formel sinken die Worte tief in Ihr Unterbewußtsein ab. Einen noch besseren Effekt erzielen Sie, wenn Sie die Sätze halblaut vor sich hinsprechen. Das können Sie beispielsweise während eines Spaziergangs machen, beim Autofahren, unter der Dusche oder wenn Sie irgendwo länger warten müssen.

Probieren Sie aus, welche Art, sich auf eine andere Person einzustellen, Ihnen am besten liegt.

Verstärken können Sie die Wirkung der Formel durch gleichzeitiges Sprechen und Schreiben der Sätze, die Sie zwar individuell für sich umstellen, aber inhaltlich nicht zu sehr verändern sollten, da ihnen eine positive, magische Kraft innewohnt.

Die Spiegel-Übung

Diese Spiegel-Übung geht zurück auf eine uralte weißmagische Tradition.

- Besorgen Sie sich einen normalen Handspiegel oder nehmen Sie einen, der schon lange in Ihrem Besitz ist und den Sie gern verwenden.
- Vor der Verwendung reinigen Sie den Spiegel mit kaltem, klarem Wasser. Noch besser wäre es, das Wasser einer Quelle zu verwenden. Der Spiegel muß mindestens eine Viertelstunde lang unter den Kaltwasserstrom gehalten, dann getrocknet werden. Kein normales Tuch darf ihn berühren, außer einem

eigens für ihn bestimmten Seidentuch, in das er immer wieder eingehüllt und in dem er verwahrt werden sollte.

- Ist der Spiegel für das Ritual vorbereitet, konzentrieren Sie sich ausschließlich auf die von Ihnen auserwählte Bezugsperson. Diese muß von Ihrem inneren Auge voll erfaßt und aufgenommen werden. Dann versenken Sie sich ganz in sich selbst und sprechen dabei folgende Worte:

Du, mir zueigen,
du, mir zulieb,
du, niemals fern,
dich möcht' ich gern!

Mit diesem Spruch werden die Kräfte frei, die Sie nutzen können, um mißliebige Situationen aufzulösen und sie zum Positiven hin zu verändern. Dadurch lassen sich die in Ihnen vorhandenen, auf ein bestimmtes Ziel gerichteten Kräfte konzentrieren und forcieren.

Der so von Ihnen angesprochene Partner wird entsprechend positiv reagieren, das heißt, er verhält sich so, wie Sie es von ihm erwarten und – erhoffen. Nach dem Ritual halten Sie den Spiegel zehn Minuten lang unter kaltes, fließendes Wasser, hüllen ihn wieder in das Tuch ein und legen ihn weg.

Denken Sie, während Sie den Spiegel reinigen, schon an das, was Sie erreichen wollen. Überlegen Sie sich, was Sie Positives mit der anderen Person verbindet.

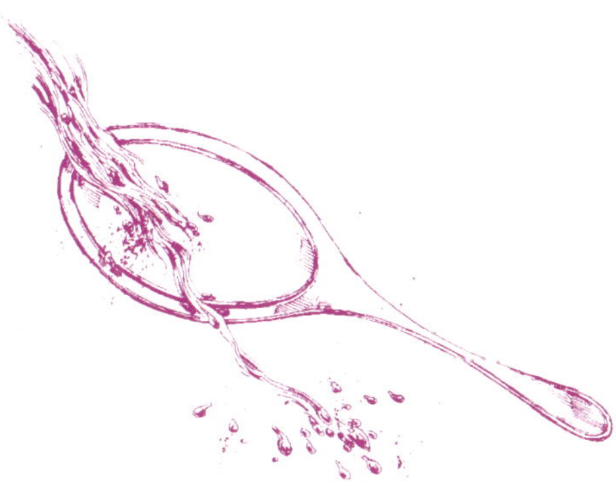

Begegnung im Spiegel

Dies ist eine weitere Spiegel-Übung, die immer dann eingesetzt werden kann, wenn es gilt, eine Krise in der Partnerschaft beizulegen oder die Basis zu beidseitiger Versöhnung zu schaffen.

- Um die geliebte Person zu erreichen, nehmen Sie Ihren Spiegel zur Hand und reinigen ihn, wie in der vorhergehenden Übung beschrieben. Sie halten ihn vor Ihr Gesicht, blicken hinein und denken dabei an die geliebte Person, die Sie erreichen möchten.
- Dann schreiben Sie mit einem Fettstift den Namen des oder der Geliebten auf die Spiegelfläche.
- Konzentrieren Sie sich mindestens zehn Minuten auf das Gesicht der Person, verströmen Sie dabei liebevolle Gedanken.
- Wiederholen Sie diese Übung alle vier Stunden. Gehen Sie ausgeruht, ausgeglichen und ohne Zweifel vor.

Die Mental-Übung

Die Übung, für die Sie sich entscheiden, muß zu einem Teil von Ihnen werden. Dazu müssen Sie sie ständig wiederholen, um sie in Ihr Unterbewußtsein einfließen zu lassen.

Diese sehr erfolgreiche Übung wende ich dann an, wenn Menschen, die Zuneigung füreinander empfinden, sich aus irgendeinem Grunde nicht mehr verstehen oder durch äußere Umstände bedingt an ihren Gefühlen zweifeln:

- Auf ein weißes Blatt Papier schreibe ich links und rechts die Namen der beiden Personen, die mich um Hilfe ersuchten. Um jeden Namen ziehe ich mit roter Tinte ein großzügiges Oval und schreibe alle vier Himmelsrichtungen darum herum.
- Dann richte ich das Blatt mit der Nordmarkierung etwa in die Richtung aus, in der die beiden Menschen wohnen – oder einer der beiden Ratsuchenden seinen Wohnsitz hat.
- Ich konzentriere mich dann auf die Fotos der Partner, die neben ihre Namen gelegt werden, oder memoriere ihre Gesichter im Geiste, wenn ich sie schon einmal gesehen habe.
- Nun übertrage ich folgende Gedanken, wobei ich jeweils die Vornamen mit einbeziehe:

Ich sende Liebe aus und verbinde
Eure Gedanken und Herzen
miteinander. Ihr findet zusammen
in bestem Einvernehmen.
Die Hemmnisse lösen sich auf.
Harmonie verbindet Euch und Euer Tun
auf all Euren Wegen.

Dieses Ritual vollziehe ich vier Wochen lang. Dann bitte ich entweder eine oder beide Personen zum Gespräch, es sei denn – was sehr häufig geschieht –, die Dame oder der Herr melden sich schon zuvor und unterrichten mich über ihre gemeinsame Situation.
Ich habe bisher nur einen Fall erlebt, bei dem ich nichts mehr ausrichten konnte. Das aber lag an der grundsätzlichen Unverträglichkeit der beiden Klienten.

Wir alle können lernen, die Kräfte unseres Unterbewußtseins für unser Leben, unsere Ziele und Erfolge einzusetzen und zu nutzen.

Die Sonnenmeditation

Diese Meditation sollte jeder Liebende jeden Tag – vorausgesetzt, das Wetter spielt mit – durchführen. Ein wenig Überwindung gehört schon dazu, denn man sollte möglichst früh aufstehen, um Zeuge des Sonnenaufgangs zu werden. Aber das ist nur ein kleines Opfer, das man gern aufbringt, wenn man einem Menschen wirklich von ganzem Herzen zugetan ist.

- Sie suchen sich vor Sonnenaufgang einen abgelegenen Platz, wo Sie nicht gestört werden können, und knien sich auf den Boden hin, mit dem Gesicht nach Osten.
- Sie schließen die Augen und warten, bis die Sonne aufgeht. Atmen Sie ruhig, gleichmäßig und fließend ein und aus.
- Sie spüren die Wärme auf Ihrem Gesicht, während die Sonne langsam am Horizont aufsteigt.
- Sie breiten nun die Arme so aus, als könnten Sie die Licht und Wärme verströmende Sonnenscheibe festhalten.

- So verharren Sie einige Minuten und denken dabei an den Menschen, den Sie lieben.
- Sie stellen sich nun vor, wie das Licht und die kraftvolle Energie der Sonne in Sie hineinströmt und langsam – im Rhythmus Ihres Atems – Ihren Körper in jeder Zelle mit Licht erfüllt.
- Sie werden nun eins mit dem geliebten Menschen, Sie verschmelzen mit ihm zu einem Wesen.
- Sie beenden die Sonnenmeditation dann, wenn es Ihnen richtig erscheint. Ruhen Sie danach noch einige Minuten lang auf der gleichen Stelle aus, bevor Sie sich wieder entfernen und Ihrer Tagestätigkeit nachgehen.

Die Sonne ist das Gestirn, ohne das es auf der Erde kein Leben gäbe. Sie ist unser aller Lebensspender, sie bestimmt unser ganzes Sein und Wollen.

Diese Meditation können Sie auch mit Ihrem Partner durchführen – oder dann, wenn Sie neue Kraft tanken oder Ihre leeren Batterien wieder aufladen wollen. Sie werden sich danach sehr erholt und ungewöhnlich lebendig fühlen.
Neben der Sonnenmeditation empfehle ich Ihnen auch die Meditation mit dem Mond. Während die Sonne uns Vitalität, Lebensmut und neue Energie verleiht, spricht der Mond die tief in uns verborgenen Wünsche und Gefühle an, beeinflußt unser seelisches Befinden, macht uns offen und aufnahmefähig für die Magie der Liebe.

Die Mondmeditation

Schreiben Sie sich aus einem Kalender die Vollmondnächte heraus oder kreuzen Sie sie an. Gehen Sie in einer dieser Nächte hinaus in die freie Natur, wo keine störende Lichtquelle vorhanden ist. Vielleicht lehnen Sie sich ganz entspannt an einen Baum oder Sie legen sich auf den Rücken und lassen den Mond, die allgegenwärtige Muttergöttin, auf sich einwirken.
Gehen Sie im Geiste hinein in das weiche, sanfte Licht der Muttergöttin, nehmen Sie es ganz tief in sich auf, bis Sie eins geworden sind mit ihr.

Öffnen Sie sich für alles, was nun auf Sie einströmt, hinterfragen Sie nichts, denken Sie nicht nach, geben Sie sich mit jedem Atemzug ganz gelassen den nun auf Sie einströmenden kosmischen Energien hin.

Der Mond ist das Gestirn der meditativen Ruhe. In seinem Licht können wir uns auf unser innerstes Selbst besinnen.

- Sie fühlen sich nun mit dem Atem der Natur vereinigt, Sie sind mit allem verschmolzen zu einer allumfassenden Einheit. Sie gehören zu allem, was lebt, Sie leben in Harmonie mit allem, was zu Ihnen gehört.
- Senden Sie Ihre positiven Geisteskräfte aus – an den oder die Menschen, die Sie lieben, an alle, deren Liebe Sie ersehnen.
- Lassen Sie sich nicht irritieren, wenn unversehens ein Gefühl der Leere in Ihnen auftaucht, wenn eine tiefe Traurigkeit Sie überkommt oder Sie plötzlich weinen müssen. Das ist ein gutes Zeichen, ein spürbarer Beweis, daß sich in Ihnen aufgestaute Spannungen und seelische Knoten lösen. Es wird nicht lange dauern, und Sie werden sich tief in Ihrem Innern, im Kern Ihres wahren Wesens viel freier, gelöster, leichter, ja glücklicher fühlen.
- Jetzt sind Sie ganz erfüllt von kosmischer Energie und werden erkennen, spüren und fühlen, daß die Liebe zeitlos ist, daß Sie jederzeit – wenn Sie selbst es zulassen – in Ihnen vorhanden ist oder erweckt werden kann.

Die Mondmeditation kann Ihnen die Gabe verleihen, die kosmische Kraft des Unendlichen auszuschöpfen und sich innerlich so zu wandeln, daß sich auch Ihre äußere Welt verändert und von Ihnen neu gestaltet und geformt werden kann.
Dazu gehört aber auch das Vertrauen in Ihre tiefsten Seelenkräfte, in Ihr Unterbewußtsein, damit Sie den besseren Teil Ihres Selbst für Ihre eigene Weiterentwicklung einsetzen können. Nutzen Sie dies auch zum Wohle Ihrer menschlichen Brüder und Schwestern. So können Sie dazu beitragen, daß das Leben aller Menschen ein wenig besser und erfreulicher wird.

Die geheimnisvolle Macht und Magie des Mondes

Den Einfluß des Mondes kann man täglich in der Natur beobachten. Wir müssen dabei nur an seinen Einfluß auf Ebbe und Flut der Ozeane oder auf die Pflanzenwelt denken.

Der Mond, die »Mutter des Lebens«, gilt seit Jahrtausenden als der himmlische Herrscher über die Gefühle. Er ist verantwortlich für das Bedürfnis nach Zärtlichkeit und für das Zueinanderfinden. Er beeinflußt unsere Seele viel mehr, als wir es wahrhaben möchten.

In vielen Religionen vor allem früherer Völker wird dem Mond eine ganz besondere Bedeutung zugemessen. In der Mythologie wird der Mond durch die Göttin Luna (auch Selene, Artemis, Diana) verkörpert. Er ist ein weibliches Symbol und steht für das Gefühlsleben, für Empfindungen, Gemüt und im weitesten Sinne auch für das Seelenleben und das Unbewußte.
Er wurde in alten Zeiten häufig als Göttin der Jagd dargestellt, auf einem von Hirschen gezogenen Wagen sitzend. Zusammen mit der Sonne ist der Mond für Bewegung und Wachstum auf der Erde verantwortlich. Durch ihn äußert sich die Lebenskraft der Sonne.
Der Mond ist die mütterliche Seite alles Bestehenden, die materielle oder Form-Seite und übt sehr großen Einfluß auf uns Frauen aus. Daher besitzen wir durch die Kraft des Mondes auf natürliche Art und Weise oft starke, geheimnisvolle seelische Kräfte und Instinkte.

Mond und Wohlbefinden

Der Mond übt auch einen großen Einfluß auf alles Körperliche aus. Verständlich, daß gerade sensible Menschen so stark auf ihn reagieren und ihr Gemütszustand mit seinen Bewegungen auf und nieder geht.

Physiologisch gesehen beeinflußt der Mond die Verdauungssäfte, die Absonderungen der Drüsen und des Lymphsystems. Er wirkt auf den Magen, die Brüste, die Eierstöcke der Frau und auf den Teil des Nervensystems, der in engem Zusammenhang mit den Gefühlen und Gemütszuständen mit Begierden, Trieben und Leidenschaften steht.

Einen großen Einfluß hat der Mond auf den Magen. Menschen, die vor lauter Kummer Magenschmerzen bekommen, sind eng mit ihm verbunden.

In der Astrologie symbolisiert der Mond auch die Vergangenheit – er verkörpert den Rhythmus von heute und morgen. Die Sonne ist der bewußte, der Mond der unbewußte Teil der Persönlichkeit. Er herrscht über Empfängnis, Schwangerschaft, Geburt und animalische Instinkte und regiert das Kindesalter. Die rechte Hirnhälfte, die lunare, entspricht dem Mond, die linke, die solare, der Sonne.

So beeinflussen die Mondphasen unsere Gefühle

Jeder kennt den Wandel des Mondes am Himmel, sein immerwährendes Wachsen und Vergehen. Er beleuchtet unsere Nächte und beeinflußt uns auf vielfältige Weise.

Die Mondphasen (Vollmond, Neumond, zu- oder abnehmender Mond) sind wichtig für Gesundheit, Wohlbefinden und Heilungsprozesse sowie für Unternehmungen und grundlegende Entscheidungen. Sie beeinflussen das Gemüt und die Neigung zu intuitiven Erkenntnissen.

Die richtige Nutzung der Mondphasen kann Ihr Leben entscheidend verbessern. Viele Menschen sind ausgeprägte Mondnaturen. Wenn man weiß, ob und in welcher Art man selbst auf die Mondphasen reagiert, läßt sich vieles klarer erkennen. Die Persönlichkeit kann gefördert werden, Fehlentscheidungen können vermieden, Talente und Fähigkeiten besser erkannt und entwickelt werden.

Neumond

Der Mond ist nur in Ansätzen zu erkennen. Diese Phase steht für Wachstum und Vitalität. Die Kräfte sind noch frisch und unverbraucht. Inspiration und Aktivität sind nun gefragt. Neue Ideen haben sehr gute Chancen, verwirklicht zu werden. Neumond ist eine positive Zeit für gesellschaftliche Ereignisse, Feste und Einladungen. Neuanfänge, die Selbstbewußtsein erfordern, können erfolgreich angegangen werden. Ernährungsumstellungen, Fastenkuren, Diäten fallen leichter, wenn Sie bei Neumond begonnen werden. Alle Vorhaben, bei denen Durchsetzungsvermögen gefragt ist, können jetzt angegangen werden. Kopf und Herz, Vitalität und Gefühle halten sich die Waage und sorgen für Ausgleich, Harmonie, Anerkennung und Ausgewogenheit.

Zunehmender Mond

Der zunehmende Mond macht anziehend und fördert dadurch Erotik und Liebe. Die Gefühle sind besonders aktiv und können hilfreich entfaltet werden.

Der Mond hat die Form einer schmalen Sichel. Entscheidungen, die bei Neumond getroffen wurden, lassen sich jetzt in die Tat umsetzen. Der zunehmende Mond gibt die Kraft, Schwierigkeiten zu überwinden. Das Selbstbewußtsein wird gestärkt. Die Selbstheilungskräfte des Körpers sind besonders aktiv. Medikamente müssen in dieser Phase besonders sorgfältig eingenommen werden. Sie dürfen vor allem nicht überdosiert werden. Der zunehmende Mond ist eine gute Zeit für wichtige Verträge. Geldgeschäfte, Käufe, Erwerb von Eigentum sind jetzt möglich. Es ist die Zeit für Prüfungen, Studien und Gespräche, die Zähigkeit und große Geduld erfordern. Neuanpflanzungen im Garten sollten in dieser Zeit geschehen.

Vollmond

Vollmond ist die am meisten beachtete und gefürchtete Mondphase. Er bringt Seiten in uns zum Vorschein, die wir gar nicht

kennen, die sonst nicht zu unserem Leben gehören. Er sorgt für Irritation und Unsicherheit. Die eigenen Gefühle lassen sich nicht mehr beherrschen. Starke Triebhaftigkeit, Wünsche, Ideen, Phantasien, Träumereien können zu diesem Zeitpunkt so überhandnehmen, daß man kaum mehr zum bewußten Handeln kommt. Man fühlt sich von außen getrieben. Bei Vollmond reagieren viele Menschen – vor allem typische Mondnaturen – explosiv. Man darf sie nicht unnötig reizen.
Vollmond ist eine gute Zeit für Auseinandersetzungen mit sich selbst. Gartenfeste und Mondspaziergänge sind jetzt besonders romantisch. Traumarbeit läßt sich jetzt gut durchführen.

Um die Lebensenergien richtig einzusetzen, bedarf es der Konzentration aller Kräfte auf das erstrebte Ziel. Dabei hängt sehr viel von der Wahl des richtigen Zeitpunktes ab.

Abnehmender Mond

Die schmale Sichel zeigt, daß Mond und Sonne jetzt wieder dicht beeinander stehen. Es ist die letzte Phase zwischen dem endenden und dem neu beginnenden Zyklus. Die passive Empfindsamkeit ist erhöht, die Mondnatur verfeinert, stiller, weniger deutlich spürbar.
Der abnehmende Mond ist die Zeit für Partnerschaftsgespräche. Sanfte Veränderungen können jetzt eingeleitet werden. Aber er ist auch die Zeit für Abschiede und Trennungen.

Der himmlische Herrscher über die Gefühle

Der Mond hat auch Einfluß auf unsere Träume. Das kann Ihnen helfen, Probleme im Schlaf zu lösen.

Der Mond gilt seit Jahrtausenden als der himmlische Herrscher über die Gefühle und Empfindungen, er wird verantwortlich gemacht für das Bedürfnis nach Zärtlichkeit und dem Zueinanderfinden.

Wissenschaftler stellten beispielsweise fest, daß Träume, die in einer Verbindung mit dem Mond stehen oder durch ihn verstärkt werden, besonders bei jüngeren Frauen häufig sind. Im Alter werden sie seltener. Umgekehrt ist es bei Männern: Nur sehr sensible junge Männer, etwa Jugendliche in der Pubertät, lassen sich vom Mond ihren Schlaf stören. Doch wenn sie älter werden, beginnt der Mond auch im Traum der Männer eine Rolle zu spielen.

Der Mond steht für das Gefühlsleben, für Empfindungen und Gemüt, im weitesten Sinn auch für das Seelenleben und für das Unbewußte. Man könnte ihn geradezu als Gegenspieler der Sonne bezeichnen – so wie das die Alten getan haben. Ist sie der Spiegel der Aktivität, der Vitalität, das Männliche, so symbolisiert der Mond die Reaktion, die Antwort, das Passive, die Beeindruckbarkeit, das mütterliche Prinzip. Vom Mond kann man entsprechend über das eigene Wesen beinahe noch mehr erfahren als von der Sonne.

Die Mondharfe

Meine Freundin Sandra Perkins aus England, eine Wicca des Diana-Circels, einer Vereinigung von Weisen Frauen, Hexen und Magier, unterwies mich in der Herstellung und im Gebrauch der Mondharfe. Das ist ein ungewöhnliches, aber ganz einfach herzustellendes Gerät, mit dem Sie erstaunliche Erfolge erzielen können. Ihre Wünsche können wahr werden, wenn Sie sie der Mondharfe anvertrauen.

Je genauer Sie sich über Ihre Wünsche im klaren sind und je genauer Sie sie formulieren, um so eher werden Sie mit der Mondharfe erfolgreich sein.

Sie benötigen dazu ein flaches Brett (30 mal 40 cm) und zwei runde Holzstäbe(ca. 35 cm hoch, 5 mm Durchmesser). Befestigen Sie die Holzstäbe an der Grundplatte (am besten kleben). Zwischen den beiden Stäben wird ein dünner Draht gespannt. In Vollmondnächten, vor Mitternacht, die Sie jedem guten Kalender entnehmen können, stellen Sie die Mondharfe vor Ihr Fenster, richten sie nach Vollmond aus und hängen über diesen Draht einen kleinen, handgeschriebenen Zettel, auf den Sie einen persönlichen Wunsch geschrieben haben. Beispielsweise: »Ich möchte, daß er wieder zu mir zurückkommt!« oder: »Ich will die von mir gewünschte Anstellung erhalten!«

Präzisieren Sie Ihre Wünsche, formulieren Sie sie aktiv, also nicht: »Ich möchte gerne...«, sondern: »Ich will...« , oder: »Ich weiß, daß mir das Geschäft gelingen wird!«

Auch wenn Sie dieser Prozedur gegenüber sehr skeptisch sind, sollten Sie sie ausprobieren. Sie werden ganz erstaunt sein, welche Wirkungen Sie damit erzielen können. Sie dürfen nur eines nicht: daran zweifeln! Glauben Sie einfach daran wie ein Kind, das sich noch in Märchen einfinden kann. Dann haben Sie die richtige Einstellung und werden belohnt mit Ergebnissen, die Ihre kühnsten Träume übersteigen.

Guter Mond ...

Die Übereinstimmung aller Kräfte und Energien bildet die schöpferische Harmonie. Sie ist positiv und lebensbejahend. In ihr vollzieht sich das Schicksal des Menschen.

Wir Weisen Frauen, wir Hexen haben zum Mond eine ganz besondere Affinität. Ich habe festgestellt, daß der Vollmond meine Kräfte fördert, daß ich mich ihm anvertrauen kann, wenn ich seine Hilfe brauche. Verstehen Sie mich nicht falsch: Der Mond ist kein Idol, kein Götzenbild für mich. Er ist für mich das Gestirn der Sehnsucht, der Träume, der Wegbegleiter in dunklen, schwermütigen, einsamen Nächten, ein guter Freund, auf den ich mich immer verlassen kann.

Ich glaube auch, daß nur eine Frau solche Gefühle für den stummen, liebevollen Begleiter unserer Erde aufbringen kann. Für einen Mann ist der Mond ein ca. 384.000 Kilometer entfernter kosmischer Trabant, ohne Leben, bestrahlt von der Sonne. Eine recht nüchterne, aber richtige Feststellung. Vielleicht verkörpert der Mond die Sehnsucht, die alle Frauen in sich tragen und nähren: die Sehnsucht und das Verlangen nach Geborgenheit, Verständnis und Liebe. Geben wir also weiter, was wir durch den Mond erfahren und vielleicht besser umsetzen können: daß der eine ohne den anderen nicht existieren kann. Und: daß auch nur zwei Schritte entfernt von einem geliebten Menschen unsere Ewigkeit beginnt.

Der Mond ist ein Teil der Schöpfung, die uns alle hat entstehen lassen und in die wir eingebunden sind. Er kann uns helfen, uns selbst zu entdecken, weiterzuentwickeln oder er kann helfen, den Lebensweg klar zu bestimmen. Letztlich muß aber jeder von uns selbst bestimmen, was der Mond für ihn bedeutet.

Wie der Mond helfen kann, das Leben zu verbessern

Die alten Überlieferungen, von vielen Weisen Frauen geprüft und ausprobiert, möchte ich Ihnen nicht vorenthalten.

Warzen fallen ab, wenn man sie bei zunehmendem Mond hochhält und sich fest wünscht, daß sie abgehen mögen.

Zahnschmerzen kann man bei abnehmendem Mond am besten bekämpfen, während man Zähne am schmerzlosesten bei zunehmendem Mond ziehen sollte.

Haare, bei zunehmendem Mond geschnitten, werden kräftig und voll, bei abnehmendem Mond hingegen wachsen sie nicht mehr nach. Schneidet man sie bei Vollmond, werden dunkle Haare heller.

Wer verliebt ist, muß dem Mond nur zwei Kußhände zuwerfen und sagen: »Guter Mond, ich fleh´ dich an, bring´mir schnell den richtigen Mann!« Dann wird es nicht mehr lange dauern, bis der geliebte Mensch einen Antrag machen wird.

Wer heiraten möchte, sollte seine Hochzeit bei zunehmendem Mond feiern, während die Eheschließung bei abnehmendem Mond Unglück zur Folge haben könnte.

Wenn eine Frau nach ihrer Heirat den Vollmond zum erstenmal im Freien erblickt, wird sie ein Leben lang vom Glück begleitet sein.

Lassen Sie sich überraschen, welche Kräfte in der richtigen Mondphase freigesetzt werden können und wie sie wirken.

Gibt es irgendwo einen lieben Menschen, dem Sie nahestehen, der krank ist, Kummer oder Sorgen hat, und möchten Sie ihm helfen? Gehen Sie dazu um Mitternacht zu einem stillen Platz, wo Sie ungestört sind. Nehmen Sie den Vollmond ganz in Ihren Blick auf, übermitteln Sie ihm die Gedanken, Hoffnungen und Wünsche, die Sie mitteilen möchten. Sie werden denjenigen, dem Sie beistehen und helfen, garantiert erreichen. Fragen Sie sich nicht, wie und warum, lassen Sie es einfach geschehen. Es wirkt in jedem Falle.

Im Einklang mit der Natur

Geistige Zwiesprache mit Bäumen und Pflanzen

Zum Wesen der Hexe gehört das harmonische Verweilen in der Natur, ihre Schwingungen aufzunehmen und mit den eigenen in Einklang zu bringen.

»Jeder Mensch ist mit einer Pflanze verwandt«, das sagte schon der große Arzt, Prophet und Seher Nostradamus (1503 bis 1566). »Und nur in Verbindung mit seinem Baum, seiner Pflanze oder Blume kann er glücklich werden.«

Für mich sind Pflanzen ebenso lebendig wie Menschen und Tiere. Ich liebe alle Pflanzen, alle Blumen, vor allem aber die Bäume. Ich verehre sie ganz besonders und weine, wenn ich sehe, höre oder lese, daß schon wieder ein Baum gefällt wurde, also sein Leben lassen mußte.

Bäume sind auch nicht irgendeine unter vielen Arten der Pflanzenwelt. Von unseren Vorfahren wurden sie als Götter betrachtet, die ihr Schicksal mitbestimmten. Sie wurden als heilig verehrt, man brachte für die in ihrem Laubdach wohnenden Götter und Geister Dankes- und Sühneopfer dar. Man vertraute ihnen Kummer und Sorgen an, bat sie um Rat und Hilfe.

Auch in unserer heutigen Zeit spielen sie noch immer eine ganz entscheidende Rolle: In ihrem Dahinsiechen und Sterben zeigen sie uns unsere eigene Not. Sie machen uns deutlich, daß wir vom rechten Weg abgekommen und im Begriff sind, die Natur insgesamt zu vernichten und damit unser Ziel, die Schöpfung zu achten und zu schützen, verfehlt haben.

Die Bäume schufen dereinst die Existenzgrundlage für uns Menschen, denn sie waren in ersten Formen vermutlich schon vor rund 400 Millionen Jahren da – lange vor den Sauriern. Was also sind schon, gemessen an den unvorstellbar langen Zeiträumen, die letzten vier oder fünf Millionen Jahre, in denen es Geschöpfe gibt, die man zunächst als menschenähnliche

Wesen, dann als Menschen bezeichnen kann? Wie winzig, wie vergänglich ist die Menschheit, verglichen mit dem Baum?
Viele Baumarten sind bisher untergegangen. Wir plündern ihre Fossilien – Kohle, Erdöl – und haben es in nur wenigen Jahrzehnten schon beinahe geschafft, diesen kostbaren Reichtum unserer Erde auszubeuten, obwohl wir wissen, daß wir ihn niemals wieder erneuern können. Wir verbrennen, zerstören das Wertvollste, was unsere Erde besitzt, als wäre es Gerümpel, etwas, das sonst zu nichts nütze ist.
Wir Menschen an der Schwelle zum dritten Jahrtausend können Bäumen begegnen, lebendigen Bäumen, die schon zur Zeit Christi zweitausend Jahre alt waren. Sie blühten schon und trugen Früchte, als die Pyramiden in Ägypten gebaut wurden. Sie sahen mehr als 150 Menschengenerationen kommen und gehen. Sie haben alles verkraftet: Kriege, Katastrophen, Stürme, glühende Hitze, klirrende Kälte.
Doch jetzt scheint ihr Ende gekommen – nicht weil sie zu alt wären, um weiterzuleben, sondern weil sie die Giftstoffe, die wir in die Luft blasen und in das Wasser schütten, nicht mehr ertragen.

Magische Kräfte der Bäume

Bäume sind die Zeugen der Vorzeit und vermitteln zwischen der Gegenwart und der Vergangenheit.

Unsere Vorfahren hatten eine ganz besondere Beziehung zu den Bäumen. Die Kelten und Germanen verehrten sie, wie alle Urvölker, als etwas Heiliges, als Wohnstätte und Sitz der Götter. Sie versammelten sich unter den Zweigen der mächtigen, uralten Baumriesen und wußten sich dort mit ihren Eltern, Großeltern, Urgroßeltern verbunden. Denn wie sie selbst hatten jene sich schon an diesem Ort eingefunden, dem Rauschen der Zweige gelauscht und darin die Stimmen der Verstorbenen vernommen. Waren ihre Seelen noch da? Konnte nicht zumindest eine Spur von ihnen zurückgeblieben sein an diesem Ort der Zeitlosigkeit?

Bäume werden in vielen Kulturen als Sitz der Götter, Geister oder Ahnen angesehen und sind Orte mystischer Verehrung.

Ich kann mich noch sehr gut an die Erzählungen meiner Großeltern erinnern, die miterlebten, wie ihre Eltern, die etwas Grund und Boden besaßen, bei der Geburt ihrer Kinder ein Bäumchen pflanzten, meistens eine Linde oder Tanne. Kinder und Bäume wuchsen im gleichen Lebensrhythmus heran. Ging es dem Baum gut, blühte er; bekam er Früchte, dann war auch das Kind wohlauf. Begann der Baum zu leiden, wußte die Mutter, daß ihr Kind, wo immer es sich auch aufhielt, von Sorgen, Leid, Schwierigkeiten heimgesucht wurde. Und starb das Kind, stand der Baum alsbald dürr und tot da.

In früheren Zeiten wurden kranke Menschen an Quellen und in den Schatten von Bäumen gebettet, weil man überzeugt war, daß in der Natur neue Kraft, natürliche Energien auf ihn übergingen. Noch heute klettern die Medizinmänner, Schamanen und Heiler von Naturvölkern auf Bäume, um in ihren Zweigen Zugang zur Quelle des Lebens zu finden.

In vielen Gegenden unseres Landes vertrauten die Menschen ihre Sorgen den Bäumen an. Sie schrieben ihren Kummer auf einen Zettel, suchten einen Spalt in der Rinde oder bohrten ein Loch in den Stamm und steckten den Hilferuf hinein.

Im Schatten des Lindenbaums

Die Linde gehört mit zu den schönsten und ältesten Bäumen in unserer Heimat. In alten Zeiten wurde sie als Sieges- und Friedenszeichen gepflanzt. Unter Linden hielt man Gericht, schloß man Verträge und den Bund fürs Leben. In ihrem Schatten wurde gespielt, getanzt, gefeiert. Die Linde wurde zum Stammbaum der Geschlechter.

Die Gerichtslinde sollte nicht nur den Richtern Schatten spenden, sondern ihnen auch mit ihren leise rauschenden Blättern die Stimme der Gottheit vermitteln. Alten Berichten zufolge vermochte der Baum sogar einen Fehlspruch, der unter ihm getan wurde, zu rächen, ebenso wie die Untat selbst.

Leider gehört die Linde heute zu jenen Bäumen, die am meisten unter der Luftverschmutzung und unter »saurem Regen« leiden.

Genießen Sie den schützenden Raum, der sich unter dem breiten Laubdach eines Baumes bildet, und tanken Sie seine Kraft.

Die Linde ist nicht zuletzt deshalb stets gesucht und geliebt worden, weil man sich unter ihren weitausladenden Ästen so wohl fühlt. Wie man heute weiß, hat das seinen bestimmten Grund: Unter einem so großen Baum befindet man sich, ähnlich wie im dichten Wald, wie unter einem Schutzschild: Das natürliche statische und elektromagnetische Erdfeld mit seinen massiven Reizen auf den Organismus, aber auch »Störfelder« verschiedenster Art sind neutralisiert. Der Raum unter dem Baumdach, erfüllt mit Sauerstoff, gereinigt durch die Baumäste, bietet Entspannung wie kein anderer Ort.

Die Nerven können sich beruhigen, die Seele kann befreit »ausatmen«. Da eine Linde darüber hinaus nicht nur in der Blütezeit, sondern immer, solange sie Laub trägt, einen heilsamen, stark beruhigenden Duft ausstrahlt, ist der Platz in ihrem Schatten einfach der ideale Ort, zu sich selbst zu finden. Schon unsere Ahnen wußten, daß der Blitz in keine Linde einschlägt. In dieser Tatsache sahen sie die Heiligkeit des Ortes bestätigt.

In vielen Sagen und Märchen spielt die Linde als ein Ort des Segens, als der große Helfer der Menschen eine wichtige Rolle. Und so wird der Lindenbaum bis heute verstanden: Im Schatten der Linde findet der Trostsuchende Zuflucht, unter der Linde kommt, wie nirgendwo sonst, gute Stimmung auf, dort finden sich Freunde zusammen. Bei der Linde erwächst dem Erschöpften neue Kraft.

Der Schriftsteller Karl Bröger schrieb ein Gedicht, das ich vor vielen Jahren auswendig lernte und im Geiste immer wiederhole, wenn ich eine Linde sehe oder mit einer Linde meditiere. Es lautet:

Die wohltuende Wirkung der Linde findet ihre Würdigung auch in den vielen Volksliedern, die von ihr handeln.

Mein Bruder Baum:
Du faltest fromme Hände
Andächtig über raunendes Gelände
Und senkst die Stirn demütig in den Raum.

Mein Bruder Baum, du stummer Beter.
Wir tauchen Stirn und Hand in reinen Äther
Und werfen unser Jauchzen in den Wind.
Wir sind! Wir sind!

Meine Baummeditation

Bäume gehören für mich mit zu den phantastischsten Lebewesen, die ich kenne. Sie sind uns treue Gefährten, geduldige Helfer und häufig Retter in der Not. Wenn wir lernen, ihre Sprache zu verstehen, werden sie uns unendlich viel erzählen und uns teilhaben lassen an ihrer natürlichen Weisheit.
Mein Lieblingsbaum ist die Linde. Ich habe sie – nein, wir haben uns gefunden. Vielleicht ist sie sogar auf mich zugekommen, hat mich zu sich gerufen, weil sie wußte, daß wir zueinander passen, daß wir die gleichen Gefühle und Empfindungen füreinander hegen.
Sie ragt hochauf in der kreisrunden Lichtung, zu der sie mich vor einigen Jahren rief. In achtungsvoller Entfernung ist sie von anderen Bäumen umringt wie von Schülern, die ihrem weisen Lehrer andächtig und aufmerksam lauschen. Je nachdem, wie das Sonnenlicht auf ihr Blätterdach fällt, sehe ich in den Blättern ein Antlitz, das mich gütig und liebevoll betrachtet.
Wenn ich meine Linde besuche, stelle ich mich erst einige Schritte entfernt von ihr hin und erfühle ihre Kraft. Nachdem ich mich so eingefühlt habe, lege ich die Hände auf den Stamm, ertaste mit den Fingern die Vertiefungen, Erhöhungen und Einfurchungen der Rinde und sende einen mächtigen, gefühlvoll geladenen Gedankenstrom in den Stamm hinein.

Die Schwingungen der Linde, wahrnehmbar als sanftes, gleichmäßiges, wohltuendes Vibrieren, durchströmen mich in jeder Faser meiner Seele und meines Seins.
Ich spüre Wärme und Energie von meinem Baum in mich hineinfließen. Langsam verwandle ich mich, ich werde eins mit dem Baum – ich bin der Baum. Es gibt keinen Unterschied mehr zwischen ihm und mir. Er sieht durch meine Augen, empfindet mit meinen Gefühlen.
Ich entdecke die Fülle des Lebens, die kraftvolle Natur, die überquellende Fülle der Schöpfung.
Raum und Zeit sind für mich nicht mehr existent, ich bin eingebettet in ein unendlich währendes Leben. Ich gebe mich ganz diesem ununterbrochen fließenden Kraftfeld hin.
Ich ahne, ich weiß plötzlich, daß mein Unterbewußtsein eine Schatzkammer außergewöhnlicher Strebungen und Kräfte ist. Und ich habe teil am unversiegbaren göttlichen Kraftstrom.
Das ist eine Meditation, die ich Ihnen nur ans Herz legen kann. Sie werden sehen, wie sie Ihnen hilft, mit vielen Widrigkeiten im Leben fertigzuwerden und Klarheit über das zu bekommen, das Sie bewegt oder Ihnen Kummer macht.

Im Einflußbereich Ihres Baumes werden Sie Ruhe finden von den Einflüssen des Alltags.

Werden Sie eins mit Ihrem Lieblingsbaum

Wählen Sie sich einen Lieblingsbaum aus, der Ihnen von der Art, von der Form oder vom Gefühl her am meisten zusagt.
Ich bin ganz sicher, daß Sie zu Ihrem persönlichen Baum finden werden. Vielleicht ist es eine Kastanie? Oder eine Tanne? Oder ein Holunderbaum? Das müssen Sie allerdings schon selbst herausfinden.
Wie man das macht? Das ist ganz einfach. Jeder kann es lernen, jeder Mensch kann »seinen« Baum finden. Oft entwickelt sich aus der ersten Begegnung eine lebenslange Freundschaft.
Am besten eignet sich dazu ein wunderschöner Herbsttag, wenn das Sonnenlicht nicht mehr so grell ist und das Licht warm und

Im Zwiegespräch mit Ihrem Baum finden Sie Zugang zu Ihrem tiefsten Inneren. Sie lernen sich auf eine ganz neue Art kennen.

sanft auf der Landschaft liegt. Nehmen Sie sich einen Tag Zeit, gehen Sie in einen Park, möglichst an Ihren Lieblingsplatz, oder fahren Sie hinaus ins Grüne zu einem Ort, der Ihnen vertraut ist und an dem Sie sich sehr wohl fühlen.

Kontakt zu einem Baum aufnehmen

Gehen Sie allein dorthin, denn eine begleitende Person würde Sie nur ablenken. Schon bevor Sie aufbrechen, stimmen Sie sich innerlich auf diese Begegnung ein. Verzichten Sie auf einen Besuch, wenn Sie sich nicht wohl fühlen, verärgert oder krank sind. Das würde den »Kennenlernprozeß« nur stören, wenn nicht gar verhindern oder unmöglich machen. Bäume haben eine sehr empfindsame »Seele« und nehmen schon die feinsten positiven Schwingungen auf.

Suchen Sie im Park oder im Wald Ihren Lieblingsbaum auf – denjenigen, der Sie spontan anzieht. Er sollte möglichst frei auf einer Lichtung stehen, ohne Nachbarbäume. Das erleichtert Ihnen die Konzentration.

Umkreisen Sie ihn zunächst einige Male in weitem Abstand.

Vergleichen Sie Ihre Körpergröße mit der seinen. Lassen Sie dann Ihren Blick langsam über sein Blätterdach schweifen. Stellen Sie sich dabei vor, wie die Äste und Zweige mit den Blättern Sie beschirmen und behüten und wie Sie sich zusehends immer geborgener fühlen.

Gehen Sie gedanklich in den Baum hinein, fühlen Sie sich als Stamm, stellen Sie sich vor, wie Ihre Arme zu mächtigen Ästen werden, wie »Ihre« Blätter rascheln und wie der Wind Sie sanft umkost.

Atmen Sie dabei tief ein und aus. Nehmen Sie die gesamte Umgebung wahr und fühlen Sie sich dabei als wichtiges Teil der schöpferischen Natur.

Zu Ihrem Erstaunen werden Sie feststellen, wie Sie auf einmal von Gelassenheit, Ruhe und innerem Frieden erfüllt werden.

Alle Sorgen, Nöte und Kummer treten ganz weit zurück, sie sind kein Teil Ihres Wesens mehr. Nun sind Sie eingetreten in den kosmischen Kreis, in das »sanfte Raunen« der Schöpfung. Dieses Gefühl verlieren Sie niemals, den inneren, aufbauenden »Kraftstrom« werden Sie immer zum Fließen bringen können, immer, wenn Sie sich mutlos, verzagt oder ängstlich fühlen.

Eine weitere Baummeditation

Gehen Sie beschwingten, offenen Herzens zu »Ihrem« Baum. Sprechen Sie ganz offen mit ihm, schildern Sie ihm Ihren Kummer, legen Sie Ihre Hände auf den Stamm oder umarmen Sie den Baum.
Schließen Sie Ihre Augen und nehmen Sie die Kraft auf, die der Baum Ihnen gibt.
Hören Sie ihm genau zu, denn er hat Ihnen viel zu sagen.
Wenn sie einmal nicht mehr weiter wissen oder ganz einfach Kraft auftanken wollen, neue Energien schöpfen möchten, bitten Sie Ihren Baum um Hilfe. Er wird sie Ihnen niemals verweigern.

Je mehr Sie sich Ihrer inneren Kraft und des Einsseins mit den kosmischen Energien bewußt werden, desto offener sind Sie für die Energien, die der Baum Ihnen schenkt.

Einen guten Rat möchte ich Ihnen noch geben. Er beruht auf den Erfahrungen, die ich im Laufe meiner langjährigen Beratungstätigkeit gemacht habe.
Legen Sie sich ein Baumbuch an. Es sollte Ihnen allein gehören – und nur Sie allein benutzen es.
Besorgen Sie sich ein großes Heft – besser wäre ein Buch mit Blindseiten, also ein fertig gebundener Band, auf dessen Seiten kein Text gedruckt ist.
In dieses Buch kleben Sie eines oder mehrere Blätter Ihres Lieblingsbaumes,

Die Quelle allen Lebens ist geistiger Natur. Sie können Sie, wenn Sie bereit dazu sind, herbeiziehen. Ihr Baum hilft Ihnen dabei.

aber auch Blätter von anderen Bäumen, die Sie ebenfalls mögen. Notieren Sie in Ihrem »Baumbuch« alle Empfindungen, Gedanken und Eindrücke, die Ihnen bei der Meditation kommen oder die später in Ihren Träumen aufsteigen.

Die Blätter, vielleicht auch manche Blüten, Zweigteile oder Rindenstückchen bewahren Sie am besten in einem geschlossenen Behältnis auf, das sehr luftdicht ist.

In einer Mußestunde, die Sie selbst bestimmen, nehmen Sie die Dose oder das Kästchen, setzen sich in eine gemütliche Ecke und nehmen in die Hand, was Ihnen gerade am besten gefällt. Erinnern Sie sich dann an vergangene schöne Stunden und Erlebnisse, verbinden Sie diese mit einem Blatt, einem Stück Rinde, einer getrockneten Blüte, einem Zweig.

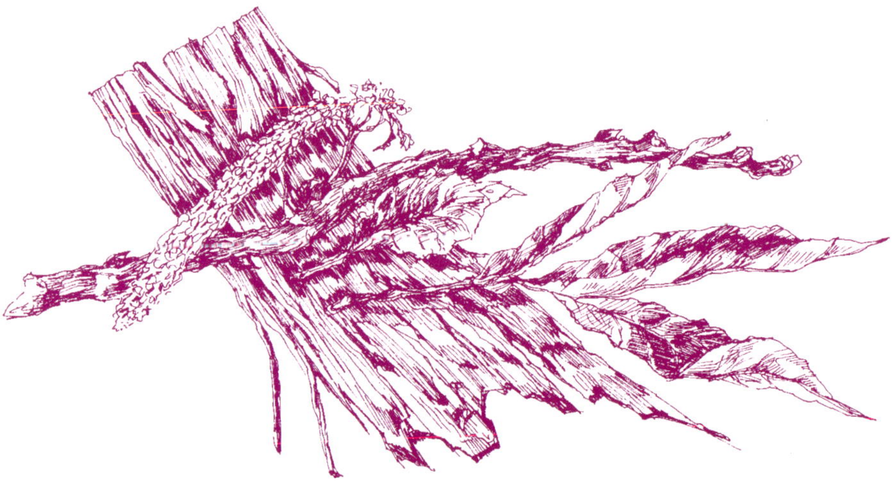

Denken Sie an einen Menschen, den Sie lieben, und nehmen Sie dabei einen Zweig oder eine Blüte in die Hand. »Laden« Sie das Stückchen Natur mit positiver Energie auf. Sie werden bald spüren, wie es sich auflädt und leicht zu vibrieren beginnt. Immer dann, wenn Sie Verbindung mit Ihrem Partner oder einem anderen Menschen aufnehmen wollen, nehmen Sie den

Zweig oder die Blüte zur Hand. Und schon haben Sie den inneren Kontakt hergestellt.
Das hilft bei Trennungen, in Krisenphasen, wenn man sich einsam oder traurig fühlt.
Ihr geistiges Schatzkästlein gehört Ihnen ganz allein. Es ist ein Geheimnis, das Sie mit keinem anderen Menschen teilen dürfen. Sonst verliert es an Kraft.

Energiemeditation mit einem Baum

Ihr Baum begleitet Sie durch Ihr ganzes Leben und bewahrt die Erinnerung an Sie für zukünftige Generationen auf.

Die Freundschaft mit einem Baum vermittelt nicht nur einen tiefen Einblick in die Natur, in das gesamte Wirken und Weben der Schöpfung, sie schenkt auch viel Kraft, füllt leere Kammern wieder auf, läßt manche Übel kleiner erscheinen, schenkt wieder Vertrauen zu sich selbst.
Begrenzungen werden aufgehoben, neue Welten tun sich auf. Wir erhalten durch unseren Baum Botschaften aus dem Unsichtbaren, die uns helfen, unsere Ziele zu erreichen, wenn wir rechten Sinnes sind.
Sehen Sie Ihren Baum an, nehmen Sie ihn ganz in sich auf. Es wird nicht lange dauern, und alle diese Offenbarungen der Schönheit des Geistes der Natur senken sich tief und unauslöschlich in Ihr Herz hinein.
Öffnen Sie Ihr Herz ganz weit und nehmen Sie seine Energien tief in sich auf. Lassen Sie zu, lassen Sie los. Sie werden sich frei und unbeschwert fühlen, und neue Kraft und Zuversicht wird Sie erfüllen.
Es gibt nichts, das uns trennen könnte, raunt der Baum Ihnen zum Abschied leise zu: »Wir waren noch nie getrennt ...«
Nehmen Sie diese Gewißheit mit in Ihren Alltag. Nichts kann Sie von Ihrem Baum trennen. Nichts wird ihn hindern, ständig seinen positiven Einfluß auf Sie auszuüben, Sie mit seinen wirkungsvollen Energien zu beschützen. Nichts wird ihn abhalten, Ihnen seine Kraft zukommen zu lassen.

Heilige Wälder

Wälder und heilige Haine sind Orte besonderer Macht und Kraft. Die Kelten hielten viele ihrer Zeremonien hier ab.

Bäume haben eine sehr feine Wahrnehmung für Plätze, wo sie kraftvoll wachsen und sich wohl fühlen können. Sie wissen von den geheimnisvollen Kräften in der Erde, von den Energielinien, die die ganze Welt durchziehen. Es gibt aber auch negative Linien und Schnittpunkte. Faßt ein Same dort Wurzeln, geht er entweder gar nicht oder nur sehr schlecht auf, oder der Baum verdorrt alsbald und stirbt ab. Doch richtet die Natur es so ein, daß dort, wo ein Baum wächst, besonders kraftvolle und positive Schwingungen existieren, hervorgerufen durch unsichtbare Kraftlinien in der Erde. Dieses natürliche Wissen machten sich die Menschen durch Beobachtungen in der Natur zunutze und errichteten auf den Kreuzungspunkten solcher Energieachsen ihre Kultplätze, Kirchen, Weihe- und Gebetsstätten, Burgen und Häuser. Auch Wälder galten ihnen als Kultstätten. Leider wurden viele von ihnen, auf Anordnung der Priester und Missionare, die sie als heidnische Stätten betrachteten, abgeholzt oder verbrannt.

Magie eines Zauberwaldes

Einer der wenigen noch erhaltenen Zauberwälder ist der Wald von Paimpont, in der Bretagne, der »Brocéliande« genannt wird, »Brückenkopf«.

Ich selbst war schon einige Male dort. Die Einheimischen und alle Menschen, mit denen ich gesprochen habe, sagen von ihm, daß es in ihm noch viele Geheimnisse gibt, die er aber fast ausschließlich für sich behält. Nur wenigen Eingeweihten wird zu ganz bestimmten Vollmondzeiten im Jahr diese Gnade zuteil. Der Wald spielt auch in der Literatur eine Rolle: Die Kelten und Bretonen ließen ihre Märchenfiguren dort leben und wirken, unter seinen schattenspendenden Bäumen durchstreiften die Fee Viviane und der Zauberer Merlin, einer der höchsten

Eingeweihten, den Zauberwald, der in alten Zeiten als heilig galt, weil in ihm die Götter und Geister und ihre Gefolge wohnten. Auch »Brocéliande« liegt auf einer Erdstrahlenachse, die zwischen dem Val sans retur, dem »Tal ohne Wiederkehr«, und der Quelle von Barenton verläuft.

Geneigte Leser, ich empfehle Ihnen einen Besuch dieses zauberhaften, geheimnisvollen Waldes. Nehmen Sie sich aber viel Zeit dafür, damit er sich Ihnen richtig erschließt. Betreten Sie ihn wie einen Ihnen vertrauten Ort, nähern Sie sich ihm wie einem sehr guten Freund. Wenn Sie sich ihm ganz hingeben, werden Sie schon nach wenigen Schritten die Energie spüren, die er ausstrahlt, seine freudigen Rufe, mit denen er Sie willkommen heißt.

Es ist möglich, daß Sie im Zauberwald das Gefühl für Raum und Zeit verlieren – und Ihnen ein Tag so vorkommt wie eine Sekunde – oder eine Sekunde wie ein Tag.

Lauschen Sie den wispernden Stimmen der Elfen, erfreuen Sie sich an ihrem glockenhellen, silbernen Lachen, lassen Sie sich vom tiefen Baß der Bäume unendliche Geschichten erzählen, nehmen Sie die Strahlen der Sonne und lassen Sie sich von ihnen tief durchdringen. Sie werden diesen Tag, diese Stunden, diese ungewöhnlichen Erlebnisse Ihr ganzes Leben lang nie mehr aus Ihrer Erinnerung verlieren.

Magische Stätten – Orte der Kraft

Orte mit magischer Kraft werden von vielen Religionen und Kulturen genutzt, um in Kontakt mit höheren Mächten zu treten.

Überall in unserem Land, aber auch auf jedem Kontinent unserer Erde, existieren alte Kultstätten und magische Plätze, geheimnisvolle Orte, an denen vergangene Märchen und Mythen bis in unsere Tage noch immer lebendig sind.
In alten Zeiten galten sie als Treffpunkte der Götter und Geister, als Stätten der Kraft, die zu den Ursprüngen der eigenen Seele führten und zu denen man sich begab, wenn man Opfer darbringen oder sich mit den unsichtbaren Mächten versöhnen wollte. Erfahrene Priester und mit der Natur vertraute Magier bemühten sich oft jahrelang, die Kraftorte, auf denen dann die Kultplätze errichtet wurden, zu finden.
Die alten Meister und Weisen Frauen wußten durch uralte Überlieferungen, daß unsere Erde von geheimnisvollen Energielinien durchzogen wird, die sich an bestimmten Stellen kreuzen und an diesen Punkten ein positives Kraftfeld bilden. Das waren die besten Standorte für Stätten der Kraft, für Orakelsteine und Kultplätze, später auch für Kirchen, wie beispielsweise der Kölner Dom, für Klöster, Burgen und Häuser.
An vielen dieser uralten magischen Stätten ist auch heute noch immer etwas von der großen Ehrfurcht zu verspüren, die dereinst diesen Orten und Plätzen entgegengebracht wurde. Sie sind durch Andacht, Weihe und Gebet in höhere energetische Schwingungen versetzt worden, haben diese aufgenommen und wiedergegeben. Das empfindet jeder, ganz gleich, welchen Glaubens er ist oder welcher Religion er sich zugehörig fühlt.
Warum haben unsere Ahnen ihre Kirchen, Burgen, Häuser und Siedlungen so oft an steilen Abhängen und in schwierigem Gelände errichtet, wo doch dicht daneben die Möglichkeiten wesentlich günstiger gewesen wären? Die Antwort ist

verblüffend einfach. Sie haben nicht den Ort gewählt, der möglichst einfach zu erreichen und problemlos zu bebauen war, sondern den gesündesten und störungsfreisten. Sie profitierten vom Wissen der alten Priester und Baumeister der kultischen Orte.

Noch vor wenigen Jahrhunderten war es üblich, vor Baubeginn einer Kirche, eines Schlosses oder eines Klosters einer neuen Stadt ein Pferd, Rind oder einen Esel in die vorgesehene Gegend zu jagen. Dort, wo sich das Tier zur Ruhe niederließ, wurde dann gebaut. Oder man bat einen Rutengänger, die unterirdischen Kraftlinien der Erde oder die geheimen Wasserströme auszupendeln.

Wohltuende Orte

Es gibt Orte, das weiß jeder von uns, wo die Entspannung der Muskeln und die Zirkulation des Blutes begünstigt sind, als würde eine geheimnisvolle Kraft eine Einheit aus Menschen und Erde schaffen. Doch ebenso gibt es andere Orte, die die Muskeln so verkrampfen lassen, daß man zu keiner Erholung kommen kann.

Das wußten auch die alten Weisen Frauen: Wo Pflanzen verkümmern und auch Tiere sich fernhalten, da sollte der Mensch auch nicht leben. Der Platz ist ungesund. Man würde die Disharmonien zu spüren bekommen und selbst aus dem Gleichgewicht geraten. Wenn wir dagegen einen Ort finden, an dem viele heitere und frohe Menschen leben, an dem es auch viele gesunde alte Menschen gibt, dann sollte man verweilen. Dann braucht man bald keine Medizin und keinen Arzt mehr. Die geheimnisvollen Kräfte der Natur machen uns gesund. Wenn wir an einen fremden Ort kommen, dann sollte man drei Tage und drei Nächte warten. Fühlt man sich dann wie gerädert, dann verläßt man die Stätte wieder. Von der Erde gehen

Trainieren Sie Ihr Gefühl für Orte der Kraft. Wo spüren Sie die kosmischen Energien besonders stark?

Stonehenge in England oder Ayers Rock in Australien sind weitere berühmte Beispiele für Orte der Kraft.

nämlich gewisse schädliche Kräfte aus, die das Wohlbefinden stören können. Folgen wir unserem Gespür und unserer inneren Stimme, sie werden uns immer richtig beraten und uns leiten. Magische Orte gibt es überall auf der Welt: der »Blocksberg«, der Brocken im Harz, die Osterseeinsel bei Seeshaupt in Bayern, der Staffelstein bei Bamberg, am Wörth im Staffelsee, der Heuberg und der Heuchelberg auf der Schwäbischen Alb, der Heuberg im Schwarzwald, der Blumenberg bei Bad Oldesloe, Hupella auf den Vogesen, um nur einige zu nennen. Es sind Orte, an denen noch die alte Zeit atmet, wo man zu sich selbst finden kann, wo die kosmischen Schwingungen so tief erfahrbar sind wie sonst nirgendwo.

Orte der inneren Kraft

Sie selbst haben wahrscheinlich auch Ihre magische Stätte oder einen Ort der Kraft, vielleicht eine kleine Lichtung irgendwo in einem Wald bei Ihrem Geburtsort, ein Baum, der Sie liebt, eine verborgene Quelle, eine Weggabelung, an der Sie zum ersten Mal in Ihrem Leben das umfassende Gefühl der Liebe

erfahren haben. Vielleicht ist es auch eine Insel, auf der sich Ihre Seele mit einer anderen verbunden hat, ein Berg, auf dem Ihnen eine lebensentscheidende Erleuchtung kam.
Es kann auch die Stätte Ihrer Geburt sein, zu der Sie immer dann zurückkehren, wenn Ihr Herz voller Kummer ist, wenn Sie sich kraftlos oder einsam fühlen oder wenn die von Ihnen angepeilten Ziele Ihres Leben sich immer weiter von Ihnen zu entfernen scheinen. Lassen Sie sich dort, wo auch immer Ihr magischer Ort sein mag, von seinen pulsierenden, kraftvollen positiven Energien durchströmen. Suchen Sie ihn immer dann auf, wenn Ihnen danach zumute ist, wenn Sie sich in einer Krise befinden, Sorgen haben oder ganz einfach neue Kräfte schöpfen wollen. Schon allein der Gedanke an Ihren magischen Platz kann durch die in und um ihn herum vorhandene Kraftstruktur positive Wirkungen auslösen. Das schafft Befreiung, verleiht Mut und Gelassenheit, gibt neue Zuversicht. Laden Sie dabei Ihre seelischen Batterien auf, speichern Sie die Kraft, die Sie immer wieder hervorholen können, wenn Sie Ihrer bedürfen. Meditieren Sie an diesem Ort, lassen Sie die äußere Welt zurücktreten, sehen Sie nach innen und erfahren Sie dabei an sich das Wunder der Wandlung, wie Sie manchmal ohne Übergang andere Welten betreten können, wie die kosmischen Energien sie durchfließen und erfüllen. Es hilft Ihnen, in der Stille und in mentaler Verbindung mit den Naturgeistern alles herbeizurufen, was Ihr Herz im Guten ersehnt.

Durch die Verbindung Ihrer eigenen Kraft mit den Energiequellen eines magischen Ortes kann sich Ihr energetisches Potential vervielfachen.

Das Selbstvertrauen stärken

Nützen Sie die Kraft, die Sie an solchen Orten erfahren, um sich über Ihr Leben und Ihre Erfolge klar zu werden und so Ihr Selbstvertrauen immer wieder aufzubauen.
Falschdenken und negative Vorstellungen werden nicht von außen erzeugt und an uns herangetragen, sie sind auch keine unabänderliche Strafe des Schicksals. Nein! Jeder Mensch schafft

Es gibt viele Wege, Ihr Leben erfolgreich und glücklich zu gestalten. Jede Veränderung geht von Ihnen aus.

sich sein Schicksal selbst. Wer positiv denkt und allem nur das Beste abgewinnen kann, dem schüttet das Leben sein Füllhorn aus.

Es kommt also immer auf die geistige Haltung und Einstellung an. Sie ist der wesentlichste Faktor eines gesunden Selbstvertrauens. Ihre inneren Kräfte sind unendlich größer, als Sie es sich vielleicht selbst eingestehen wollen.

Wenn Sie Ihr Unterbewußtsein bitten und zu Hilfe nehmen, sich mit den gewaltigen kosmischen Energien zu verbünden, die magische Stätten verströmen, können Sie selbst Berge von der Stelle bewegen und Großes erreichen. Dadurch schaffen Sie sich eine bessere Zukunft und ein erfülltes, überreiches Leben. Je mehr Sie sich Ihrer inneren Kraft und des Einsseins mit den kosmischen Energien bewußt werden, desto geringer werden die Schwierigkeiten, Probleme und Hindernisse auf Ihrem Lebensweg künftig sein.

Entdecken Sie Ihre inneren Kräfte und arbeiten Sie täglich an sich selbst. Die von mir erarbeiteten und viele Male erfolgreich angewandten Meditationsübungen könnten Ihr Leben entscheidend verändern.

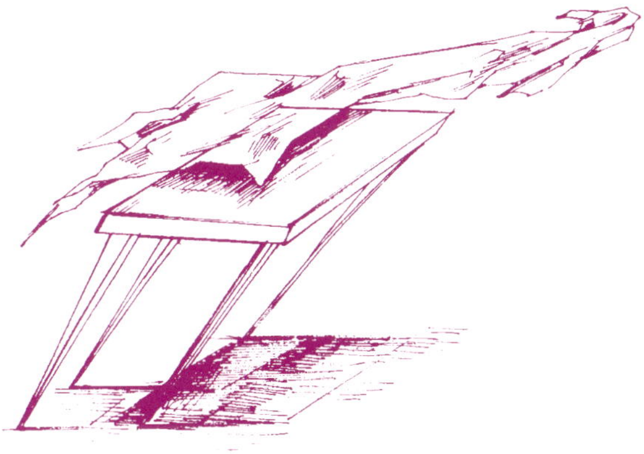

Nachbemerkung

An dieser Stelle möchte ich mich bedanken. Zuerst bei Ihnen, verehrte Leser, daß Sie für dieses Buch, für meine Arbeit soviel Interesse und Verständnis gezeigt haben. Auch Herrn Gerhard Merz gebührt mein Dank; ohne ihn hätte ich dieses Buch nicht geschrieben, ohne seine sachlichen kritischen Anmerkungen hätte ich einige Kapitel sicherlich nicht nachvollziehbar gestalten können. Meine Freundin Sandra Perkins gab mir viele wertvolle Hinweise, spornte mich an und half mir, als ich Selbstzweifel hegte.

Allen Menschen, die dieses Buch in die Hand nehmen, möchte ich sagen, daß es sehr viele wertvolle Hilfen und Ratschläge enthält, die ich voll verantworten kann und von denen ich glaube, daß sie helfen und viele neue Perspektiven eröffnen können.

Zum Abschied bitte ich Sie, geben Sie das, was Ihnen geholfen und andere Dimensionen des Denkens, Handelns und Fühlens eröffnet hat, guten Herzens weiter. Denn nur das Erlebte, Durchdachte und selbst Empfundene kann uns im Leben weiterbringen und fähig machen, uns – und allen anderen Menschen – zu helfen. Das ist mein Lebensauftrag und meine Bitte an Sie.

Alles, was ich Ihnen in diesem Buch präsentiere, habe ich mir in vielen Jahren erarbeitet. Ich hoffe, daß mein Wissen zu Ihrem wird und daß es Ihr Leben so wie meines bereichert.

Anhang

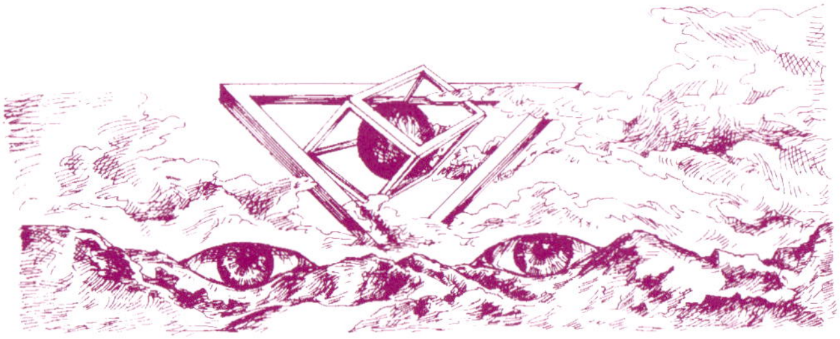

Wie stark ist mein 6. Sinn? – Der große Test

Sind Sie sich nicht sicher, ob Sie übersinnliche Fähigkeiten – den sogenannten 6. Sinn – haben? Mit diesem Test lernen Sie gleichzeitig Situationen kennen, in denen Sie Ihren 6. Sinn trainieren können.

Sicher hatten Sie auch schon mal das unbestimmte Gefühl, daß Sie sich mit einem Menschen besonders gut verstehen könnten, obwohl Sie ihn zum erstenmal sahen. Und vielleicht noch gar nicht mit ihm gesprochen hatten. Wenn er dann noch besonders schnell zu einem guten Freund wurde, heißt es schnell: »Er hat eben dieselbe Wellenlänge.«

Diese Beschreibung trifft genau zu. Das Unterbewußtsein anderer Menschen sendet uns verschlüsselte Botschaften, die wir wiederum mit unserem Unterbewußtsein empfangen. Oft spricht man von seinem 6. Sinn. Jeder hat ihn. Besonders ausgeprägt ist er bei Frauen. Aber meistens nutzen wir diese Fähigkeiten nicht. Wir lassen uns zu sehr vom Verstand leiten. Schade, denn so verkümmert unser feines Gespür für Gefahren, für die Begegnung mit Menschen, die unser Leben bereichern können oder auch für Menschen, die es nicht gut mit uns meinen. Wir könnten Intrigen, Falschheit, Täuschung entdecken.

Mit diesem Test können Sie prüfen, wie stark Ihr 6. Sinn ausgeprägt ist – oder ob Sie ihn vernachlässigt haben. Ein Spiel, das auch ein kleines Training für Ihre übersinnlichen Kräfte ist.

Hören Sie auf Ihre innere Stimme?

Ihr 6. Sinn im ersten Test. Wie steht es mit Ihrer Bereitschaft, verschlüsselte Botschaften aus dem Unterbewußtsein zu empfangen und sie zu befolgen?

1. Lassen Sie sich, wenn Sie einen Menschen kennenlernen, erst mal von Ihrem Gefühl sagen, ob Sie ihn mögen oder nicht? Wird dieses erste Urteil dann später meist bestätigt?

- ☐ Immer **5** Punkte
- ☐ Oft **3** Punkte
- ☐ Nie **0** Punkte

2. Sie fühlten sich von einem Menschen wie magisch angezogen, obwohl Sie ihn noch gar nicht kannten. Wurden Sie in diesem positiven Gefühl bestätigt?

- ☐ Ja **5** Punkte
- ☐ Nein **0** Punkte

3. Haben Sie schon einmal von Dingen geträumt, die später eingetroffen sind?

- ☐ Ja **5** Punkte
- ☐ Nein **0** Punkte

4. Verlassen Sie sich bei Entscheidungen manchmal auf eine innere Stimme, obwohl Ihnen der nüchterne Verstand genau das Gegenteil rät?

- ☐ Ja **5** Punkte
- ☐ Nein **0** Punkte

5. Haben Sie eine Entscheidung, die Ihnen nur Ihre Stimme eingeredet hat, später bereut?

- ☐ Oft **0** Punkte
- ☐ Selten **3** Punkte
- ☐ Nie **5** Punkte

6. Ist es Ihnen schon mal passiert, daß das Telefon klingelte und der Mensch dran war, den Sie im selben Augenblick anrufen wollten?

- ☐ Häufig **5** Punkte
- ☐ Selten **3** Punkte
- ☐ Nie **0** Punkte

7. Ist es schon geschehen, daß Sie verblüfft waren, weil Ihr Partner denselben Gedanken aussprach, den auch Sie selbst gerade hatten?

- ☐ Oft **5** Punkte
- ☐ Manchmal **3** Punkte
- ☐ Nie **0** Punkte

8. Können Sie sich gut in die Gedankenwelt kleiner Kinder versetzen?

- ☐ Ja **5** Punkte
- ☐ Manchmal **3** Punkte
- ☐ Nie **0** Punkte

9. Sind Sie ein Mensch, zu dem man geht, wenn man Sorgen hat, weil Sie meist ganz intuitiv zum Richtigen raten?

- ☐ Häufig **5** Punkte
- ☐ Selten **3** Punkte
- ☐ Nie **0** Punkte

Gehen Sie nun weiter zum Härtetest des 6. Sinns. Und zählen Sie dann anschließend die Punkte aus dem ersten und zweiten Test zusammen.

Ihr 6. Sinn im Test

Für den zweiten Test Ihrer übersinnlichen Fähigkeiten, müssen Sie sich etwas Zeit lassen. Denn es ist eben nicht so einfach, den 6. Sinn in uns aufzuspüren!

1. Fixieren Sie im Bus, in einem Restaurant oder im Büro den Rücken eines Menschen. Lassen Sie nur die Kraft Ihrer Gedanken auf ihn wirken. Geben Sie ihm den stummen Befehl: »Dreh dich zu mir um!«

- ☐ Er reagiert nicht — **0** Punkte
- ☐ Er wird unruhig — **3** Punkte
- ☐ Er dreht sich um — **5** Punkte

2. Stellen Sie sich mit dem Gesicht zur Wand und bitten Sie einen Menschen, mit dem Sie sich sehr gut verstehen, sich hinter Sie zu stellen, ein paar Meter entfernt.

- ☐ Sie fühlen nicht, wo er steht — **0** Punkte
- ☐ Sie fühlen, wo er steht — **3** Punkte
- ☐ Sie können sogar sagen, ob er Sie anschaut oder von Ihnen wegschaut — **5** Punkte

3. Setzen Sie sich mit einem Menschen, mit dem Sie etwas verbindet, Rücken an Rücken auf den Boden. Er soll irgendeinen Gegenstand zeichnen. Versuchen Sie nun, sich von seinem Unterbewußtsein leiten zu lassen und gleichzeitig denselben Gegenstand darzustellen.

- ☐ Es gibt keine Ähnlichkeit zwischen Ihrer und seiner Darstellung — **0** Punkte
- ☐ Es kommt zu Übereinstimmungen — **3** Punkte
- ☐ Sie zeichnen denselben Gegenstand — **5** Punkte

4. Setzen Sie und Ihr Partner sich in zwei verschiedene Räume Ihrer Wohnung. Bitten Sie ihn, drei Gegenstände seiner Wahl nacheinander auf den Tisch zu stellen und sich darauf zu konzentrieren.

- ☐ Sie können nicht sagen, welche Gegenstände er auf den Tisch stellte **0** Punkte
- ☐ Sie können einen Gegenstand beschreiben **3** Punkte
- ☐ Sie können alle drei Gegenstände beschreiben **5** Punkte

5. Ziehen Sie daheim oder bei der Arbeit einen Kreis um sich und stellen Sie sich vor, daß nichts Negatives über diese Linie zu Ihnen vordringen kann.

- ☐ Sie fühlen sich wie immer **0** Punkte
- ☐ Ein Gefühl der Ruhe und Gelassenheit erfaßt Sie **5** Punkte

6. Konzentrieren Sie sich zehn Minuten auf einen Menschen, den Sie lieben, der aber im Moment nicht bci Ihnen ist. Rufen Sie ihn an und fragen Sie ihn, woran er in den vergangenen Minuten gedacht hat.

- ☐ Er fühlte nicht, daß Sie an ihn dachten **0** Punkte
- ☐ Er hatte ein seltsames Gefühl **3** Punkte
- ☐ Er fühlte, daß Sie an ihn dachten **5** Punkte

?

Die Testauswertung

Mehr als 70 Punkte:
Sie ahnen mehr als andere

Sie sind hellseherisch ganz besonders begabt. Ihr 6. Sinn ist überdurchschnittlich ausgeprägt. Ihre Gefühle sagen Ihnen alles über andere Menschen. Ihre Botschaften aus dem Unterbewußtsein entlarven Falschheit. Man sollte mehr auf Ihre Vorahnungen hören.

Ihr 6. Sinn ist besser ausgeprägt, als Sie vielleicht vermutet haben. Setzen Sie Ihre Fähigkeiten ein, sooft Sie können. Ihr Leben wird dadurch bereichert.

69 bis 55 Punkte
Ihre Gefühle lügen nicht

Ihre übersinnlichen Fähigkeiten sind außerordentlich gut entwickelt. Sie haben ein feines Gespür dafür, wenn Kollegen, Freunde oder die Chefs es nicht gut mit Ihnen meinen. Sie erfassen es intuitiv, wenn ein anderer Mensch gut zu Ihnen paßt, auch wenn Sie ihn nicht kennen. Und manchmal haben Sie bestimmt schon Gefahren, Krisen, Schicksalsschläge vorausgeahnt. Sie sollten unbedingt jeden Abend ein Stück Papier und einen Kugelschreiber neben dem Bett liegen haben und all Ihre Träume notieren, sofort nachdem Sie aufgewacht sind, denn sonst vergißt man sie wieder. Und aus Ihren Träumen können Sie viel über Ihre Zukunft erfahren. Einzige Gefahr: Manchmal werten Sie spontane Gefühle der Unlust als Vorausahnungen, als Botschaften aus dem Unterbewußtsein.

54 bis 40 Punkte
Ihre Skepsis bremst Sie

Sie haben es zwar schon oft erlebt, daß Sie beim Klingeln des Telefons wußten, wer anruft, noch bevor Sie abgehoben hatten. Sie haben sich vielleicht auch schon dabei ertappt, daß Sie gerade demselben Gedanken nachhingen, den Ihr Partner oder eine Freundin aussprach. Sie haben vielleicht auch schon unvermutet einen Menschen getroffen, an den Sie gerade intensiv dachten. Sie hielten das alles wahrscheinlich für Zufälle. Denn Ihre angeborene Skepsis bremst Sie, verhindert, daß Sie an Ihren 6. Sinn (der bei Ihnen stark ausgeprägt ist) glauben, besonders wenn Sie im ersten Teil unseres Tests weniger als 20 Punkte bekamen. Das bedeutet: Ihr Unterbewußtsein sendet zwar verschlüsselte Botschaften, und Sie empfangen diese Nachrichten auch. Aber Ihr nüchterner Verstand ist stärker. Sie sollten mehr Ihrer innerer Stimme vertrauen.

Warum stellen Sie Ihren Verstand über Ihre Gefühle? Sie sind ein Teil von Ihnen, geben Sie Ihnen mehr Raum – und Ihr 6. Sinn wird sich entwickeln.

39 bis 25 Punkte

Ihr Streß übertönt Ihre innere Stimme

Sie glauben zwar an den 6. Sinn. Sie fühlen auch diese sanften, stillen Botschaften aus dem Unterbewußtsein. Aber Sie überhören Ihre innere Stimme oft, nicht aus Skepsis, sondern aus Zeitmangel. Sie sind einfach mit zu vielen Dingen beschäftigt, haben vielleicht auch zu viele Probleme. Und Sie nehmen sich dabei leider nicht mehr die Zeit, Gefühlen und Ahnungen nachzugehen – und nachzugeben. Sie sind es einfach gewohnt, mit rationalen Überlegungen die Dinge zu klären. Nehmen Sie sich also viel mehr Zeit für das Kontemplative. Das würde Ihnen helfen, manche Ihrer Probleme viel besser zu lösen, gerade dann, wenn Sie sich von Ihrer Intuition leiten lassen.

24 bis 15 Punkte

Ihr Verstand hemmt den 6. Sinn

Wahrscheinlich halten Sie Menschen, die von übersinnlichen Wahrnehmungen berichten, für Spinner – zumindest mit Ihrer Vernunft beurteilt. Sie vertrauen Ihrer Vernunft manchmal zu sehr. Dennoch ist in Ihrem Inneren ein stiller Zweifel geblieben, der Sie insgeheim an den 6. Sinn glauben läßt. Aber Ihr Verstand hindert Sie daran, den verschlüsselten Botschaften aus Ihrem Unterbewußtsein zu vertrauen. Und das ist schlimm, denn damit töten Sie eine Form der Wahrnehmung ab, die Sie eher trainieren sollten. Beispiel: Wenn Sie vor einem schwierigen Problem stehen, wenn Sie eine schwere Entscheidung treffen müssen, nehmen Sie mit geschlossenen Augen ein Buch aus dem Regal und schlagen es blindlings auf. Versuchen Sie aus dem Text einen Hinweis herauszulesen, der Ihnen bei Ihrer Entscheidung helfen kann. Ein wichtiges Training des 6. Sinns.

Auch wenn das Testergebnis nicht mit Ihren Erwartungen übereinstimmt, sollten Sie sich nicht entmutigen lassen. Den 6. Sinn kann man trainieren.

Weniger als 15 Punkte
Nur Ihr Verstand regiert
Sie sind ein reiner Verstandesmensch und werden sich nur schwer davon überzeugen lassen, daß es so etwas wie einen 6. Sinn gibt. Eigentlich schade, denn auch Sie empfangen Botschaften aus dem Unterbewußtsein. Aber Sie hören Sie nicht, Sie überhören leider die für Sie so wichtige innere Stimme.

Register

A

Abnehmender Mond 124 f., 129
Abracadabra-Amulett 73 f.
Abschied 125
Affen, Drei 77
Aloe-Öl 100 f.
Alpträume 76, 83
Alraune 76
Amulette 72 ff.
Anfechtungen 80, 83
Angst 59, 63
Anker 76
Anpassungsfähigkeit 83
Apfel 76
Appetitförderung 88
»Après l' Amour« 99
Artischocken-Gemüse 91
Aufgabe, neue 55
Auseinandersetzung 54
Ayers Rock 144

B

Badezusätze 108 ff.
Bäume 43 f., 130 ff.
Baldrian-Bad 109
Baldrian-Tee 87
Baldrian-Tinktur 87
Baumbuch 137 f.
Baummeditation 12, 134 f., 137 ff.
Bechtar, Ali 37
Beruf 24 f., 34, 53, 60
Betrug 81
Blatt 76
Blocksberg 144
Blumen 43 f.
Blumenberg 144
Böser Blick 73, 77
Böse Geister 80
Böser Zauber 83
Böses 79, 81
Bohnenkraut-Tee 89
Bohnensuppe, Konzentrierte 94
Brennessel 77
Brocéliande 140
Buchstaben entschlüsseln 37 ff.

C

Cayenne-Trunk 99
Charakterstärke 77
Christophorus 77

D

Delphi 77
Depressionen 76, 79 f.
Durchsetzungsvermögen 125

E

Egoismus 56
Ehe 78
Ehelinien 69
Elefant 12, 78
Energie 58, 63, 80
Entscheidung 63, 80
Entspannung 109
Enttäuschung 58
Enzian-Wein 97 f.
Erbschaft 83
Eremit (Tarotkarte IX) 55
Erfolg 54, 59, 82
Erfolgslinie 70
Ernährung 125
Erschöpfung 109, 133
Eule 78

F

Falschheit durchschauen 81
Familiengründung 59
Fasten 125
Feste 125
Feuer 80
»Feuer der Liebe« 99
Finanzen 63, 83, 124
Fisch 78
Flieder-Bad 109
Freundschaft 52, 60, 77, 79
Frieden 83
Frohsinn 79
Fruchtbarkeit 76, 78 f., 80

G

Geburtstagszahl 27 ff.
Geduld 58 f., 63

Gefühle 126 f.
Gehängte (Tarotkarte XII) 57
Geisterwelt 76
Gelassenheit 63, 88, 136
Geldlinien 69 f.
Gerechtigkeit 80
Gerechtigkeit (Tarotkarte XI) 56
Geschäfte 51 f., 124
Gesichtswasser 102 f.
Gesundheit 81 f.
Gesundheitslinien 70
Getränke, magische 84 ff.
Gewinn 83
Ginestrata 96
Glück 22, 53, 59, 60, 63, 76, 78, 80, 82, 112 ff.
Glück im Spiel 82 f.
Glücksbringer 72 ff.
Große Arkana 46 f.

H

Haare 129
Hand 78
Handberge 71
Handlesen 66 ff.
Handlinien 66 ff.
Harlekin 79
Hautpflege 108 ff.
Heilige Wälder 140 ff.
Hellsehen 40 ff.
Herrscher (Tarotkarte IV) 53
Herrscherin (Tarotkarte III) 52
Herz 79, 109
Herzlinie 68
Heuberg 144
Heuchelberg 144
Hexen 14 ff., 126, 128
Hexenbulle 16
»Hexenhammer« 17
Hexenverbrennungen 15 ff.
Hierophant (Tarotkarte V) 53
Hindernisse meistern 78
Hochzeit 129
Hoffnung 76
Hohepriesterin (Tarotkarte II) 52
Honig-Badezusatz 108
Honig-Maske 105 f.
Honig-Seife 106
Hupella 144

I

Ideen 57, 125
Intrigen 52
Intuition 60

J

Jugendlichkeit 76

K

Kabbala 26
Kamm 79
Karten 46 ff.
Kastanien-Gelatine 106 f.
Keltische Kraftsuppe 92
Keltisches Kreuz 48 f.
Kerzenmagie 62 ff.
Kirschkerne-Tinktur 88
Kleeblatt, vierblättriges 80
Klugheit 78
Knoblauch-Wein 90
Komet 80
Konzentration 81
Kopflinie 67
Kosmische Energie 110 ff.
Kräuter, magische 84 ff.
Kraft 63, 76 f., 79, 80 ff., 139, 142 ff.
Kraft (Tarotkarte VII) 55
»Kraft für die Liebe«-Cocktail 98
Kramer, Heinrich 16
Krankheit 73, 76, 79 f. 82
Kreativität 51 f., 60
Krebse für Genießer 95
Kreislaufstärkung 88, 109
Kreuz 80
Kristallkugel-Hellsehen 40 ff.
Kultplätze 142

L

Lavendel-Bad 108
Leben 81
Lebenslinie 66 f.
Leid 80
Liebe 22, 53, 59 f., 63, 73, 78 ff., 112 ff.
Liebenden (Tarotkarte VI) 54
Liebesfeuer entfachen 86 ff.
Liebesgerichte 95 ff.
Liebeskraft, Speisen zur Förderung 92 ff.

Liebessuppen 92 ff.
Liebestränke 97 ff.
Liebeskummer 77, 108
Lilien-Schönheitscreme 104 f.
Linde 132 f.
Löwe 80
»Lustfeuer« 98
Lymphsystem 123

M

Macht 80
Mäßigkeit (Tarotkarte XIV) 58
Magier (Tarotkarte I) 51
Magische Stätten 142 ff.
Magisches Handeln 110 ff.
Magnetisiertes Wasser 43 f., 64
Mandel-Suppe 94
Marienkäfer 80
Massageöl 103 f.
Melisse-Bad 109
Menschliche Nöte 80
Mental-Übung 118 f.
Merlin 140
Mond 6, 13, 122 ff.
Mond (Tarotkarte XVIII) 60
Mondgöttin 6 ff.
Mondharfe 126 f.
Mondmeditation 120 f.
Mondphasen 123 ff.
Mondsiegel 82 f.
Muschel 80
Mut 77

N

Nachtgespenster 83
Nächstenhilfe 129
Namenszahlen 27 ff.
Narr (Tarotkarte 0) 51
Natur 130 ff.
Nelken-Sirup 97
Nerven 79, 82, 108 f., 123, 133
Neubeginn 53 f., 57, 59, 125
Neumond 125
Numerologie 26 ff.

O

Olivenöl-Tinktur 91
Osterseeinsel 144

P

Panther 81
Papst Innozenz VIII. 16
Parfüm für die Seele 101
Partnerschaft 22 ff., 33, 52, 57 f., 63, 78, 125
Pendel anfertigen 20
Pendeln 12, 20 ff., 143
Perkins, Sandra 126, 147
Petersilie 90 f.
Pflanzen 43 f., 130 ff.
Phantasien 124
Pistazien-Creme 96
Potenz 82 f., 97
Prozesse 51
Prüfungen 124

R

Rad des Schicksals (Tarotkarte X) 56
Recht 78
Reichtum 78 f.
Reisen 82
Rider Tarot 46 ff.
Rosen-Bad 108
Rosen-Übung 113 ff.
Rosmarin-Bad 109
Rosmarin-Tinktur 89
Rückkehr 76
Ruhe 77

S

Sanftheit 79
Sechster Sinn (Test) 148 ff.
Seelische Probleme 63
Selbstbestimmung 56
Selbstbewußtsein 13, 63, 124
Selbstfindung 55, 124
Selbstheilungskräfte 124
Selbsttäuschung 63
Selbstvertrauen 63, 145 f.
Sellerie-Suppe 93
Sellerie-Wein 87
Sensibilität 83
Sexualität 58, 86 ff.
Siegel Salomons 82
Sinnfindung 11
Skarabäus 82
Sonne (Tarotkarte XIX) 60

Sonnenmeditation 119 f.
Sonnensiegel 82 f.
Sorgen 63
Spannkraft 91
Speisen, magische 84 ff. 92
Spiegel, Hellsehen im 43 ff.
Spiegel-Übungen 116 ff.
Sprenger, Jakob 16

Sch

Schicksal 56
Schicksalskarten 50
Schicksalslinie 68 f.
Schicksalszahlen 27 ff., 36
Schildkröte 81
Schlange 81
Schlaf 83
Schlüssel 81, 109
Schönheit 100 ff.
Schuldgefühle 54
Schwein 81 f.
Schwarze Magie 9
Schwierigkeiten überwinden 124

St

Staffelstein 144
Stern (Tarotkarte XVII) 59
Stimmungsaufhellung 108
Stonehenge 144
Streit 55
Studium 124

T

Talismane 72 ff.
Tarot 12 f., 46 ff.
Tarotkarten 50 ff.
Taube 83
Tees 86 ff.
Teufel (Tarotkarte XV) 58
Tinkturen, magische 86 ff.
Tod (Tarotkarte XIII) 57
Toleranz 79
Träumen 10, 124, 126
Trennung 54, 57, 59, 63, 125
Treue 76
Triebhaftigkeit 81, 124
Turm (Tarotkarte XVI) 59

U

Unbeständigkeit 60
Unfallschutz 77
Unheilabwehr 79
Unsterblichkeit 76

V

Veränderungen 56
Verborgenes erkennen 81 f.
Verdauung 123
Verhandlungen 82
Verlust 57
Verschwiegenheit 59
Verstand 81 f.
Vertragsabschlüsse 124
Viviane 140
Vollmond 6, 15, 124, 129
Vornamen 37
Vorsicht 58
Vorurteile 56

W

Wagen (Tarotkarte VII) 54
Wald 140 ff.
Warzen 129
Weibliche Organe 123
Weidenrinde 83
Wein, gewürzter 86 ff.
Weise Frauen 7 ff., 65, 84, 126, 128 f., 142 f.
Weiße Magie 9 f.
Wissen 78
Wörth 144
Wohlbefinden 90 ff., 122 ff.
Wohlstand 82
Wohnung 24
Würfel 83
Wünsche 59, 63

Z

Zähne 83, 129
Zahlen 29 ff.
Zahl, persönliche 26 ff.
Zauberformeln 112 ff.
Zaubertränke 97 ff.
Zauberwald 140 f.
Zunehmender Mond 124, 129
Zuversicht 83

Hinweis

Alle Angaben und Rezepte in diesem Buch wurden sorgfältig geprüft. Dennoch können Autorin und Verlag für eventuelle Nachteile oder Schäden, die aus den im Buch gemachten Anleitungen und Rezepten resultieren, keine Haftung übernehmen. Vorsorglich weisen wir darauf hin, daß man die empfohlenen Kräuter und Wirkstoffe nur zu sich nehmen sollte, wenn man gesund ist.

Bildnachweis

Titelbild: Image Bank (Sergio Duarte), München;
Seite 51-60: Abdruck der Großen Arkanen des Rider-Waite Tarot Deck® mit freundlicher Genehmigung von U.S. Games Systems, Inc., Stamford, CT 06902 USA. Copyright ©1971 by U.S. Games Systems, Inc.

Impressum

4. Auflage 1997

Redaktion:
Sandra Klaucke, Dr. Judith Schuler
Redaktionsleitung:
Dr. Reinhard Pietsch
Umschlag:
Till Eiden
Innenlayout und Produktion:
A&O Satzwerkstatt; Regina Kiefer/ConceptSatz
Illustrationen:
Beate Brömse
Produktion:
Manfred Metzger
Druck und Bindung:
Westermann Druck Zwickau GmbH
Printed in Germany

Gedruckt auf chlor- und säurearmem Papier
ISBN 3-7787-3518-7